华章心理
HZBOOKS | Psychological

# 如何用 Kindle 高效学习

直树桑 著

机械工业出版社
China Machine Press

## 图书在版编目（CIP）数据

如何用 Kindle 高效学习 / 直树桑著 . —北京：机械工业出版社，2019.1

ISBN 978-7-111-61843-0

I. 如… II. 直… III. 学习方法 IV. G442

中国版本图书馆 CIP 数据核字（2019）第 001073 号

　　本书是以个人与 Kindle 的故事为主线，中文互联网上大家对 Kindle 的主要疑问为参考进行的系统性的 Kindle 使用综合方法论说明。本书内容包括 Kindle 的选择、Kindle 阅读环境的打造、Kindle 读物的获取、Kindle 自带功能的深度解读、Kindle 进阶功能的深度探索、Kindle 读书方法论的详细解读、Kindle 的知识管理、如何用 Kindle 学习英语，以及其他的 Kindle 结合工具的使用方法。

## 如何用 Kindle 高效学习

出版发行：机械工业出版社（北京市西城区百万庄大街 22 号　邮政编码：100037）

责任编辑：姜　帆

责任校对：李秋荣

印　　刷：鸿博睿特（天津）印刷科技有限公司

版　　次：2019 年 2 月第 1 版第 1 次印刷

开　　本：147mm×210mm　1/32

印　　张：8.375

书　　号：ISBN 978-7-111-61843-0

定　　价：59.00 元

凡购本书，如有缺页、倒页、脱页，由本社发行部调换

客服热线：(010) 68995261　88361066　　　投稿热线：(010) 88379007

购书热线：(010) 68326294　88379649　68995259　　读者信箱：hzjg@hzbook.com

版权所有 • 侵权必究

封底无防伪标均为盗版　本书法律顾问：北京大成律师事务所　韩光 / 邹晓东

{ 赞誉 }

（以下推荐语按姓氏笔画排序）

少数派一直相信，任何垂直领域都会有一个最专业的人，直树桑对 Kindle 的理解与专研，已经超越了设备和内容，成为一种生活和态度。作为数字化知识的新入口，这本书值得每一个人去研习。

——老麦，少数派创始人

时间，对每个人都是公平的。如何进步更快？我们不仅要学习，更重要的是要有效率地汲取书籍中的养分。直树桑在这里分享的，不只是高效使用 Kindle 的独家秘技，更是数字化时代如何高效学习的全新思维。

——朱占玉，XMind 联合创始人

自认为很会用工具的我，在读完这本书后仍然获益匪浅，对 Kindle 产生了新的认知。作者从自身长期使用 Kindle 的角度出发，有趣地解答了关于如何高效使用 Kindle、科学地进行知识管理以及外语学习等关于 Kindle 深度使用的问题。总之，这是一本 Kindlers

必须人手一本的全能使用指南。

——李颖，公众号"Tools 指南"主笔

Kindle 是通过阅读学英语的不二利器。查词功能帮助我们扫平阅读中的生词障碍，生词本和单词卡帮助我们在语境中反复学习、加强记忆，与 Kindle 配套的外部工具还可以帮助我们更加高效地梳理和消化阅读素材。直树桑在书中推荐的方法和给出的详例，相信可以帮助英语学习者，一边享受学习的乐趣，一边把其中的地道优质表达占为己有。

——张海露（Eric），现象级英语联合创始人

我自认为已经非常熟悉 Kindle 了，可是读完这本书，我才发现自己对于 Kindle 的了解还是太少。Kindle 不只将纸质书移到了屏幕上，更可以成为一种新的阅读方式，新的学习方式。我们可以让 Kindle 成为知识和资讯的首要入口，打通与电脑、手机的关联，让所有的电子产品，都为我们的学习服务。《如何用 Kindle 高效学习》不只是一本关于 Kindle 的指南，更是互联网时代的一本高效学习指南。

——陈章鱼，公众号"章鱼读书"创始人，
知乎 60 万人关注的读书人

在别人纠结电子书和纸质书谁会"称霸世界"的时候，小张却在开拓新的漫画发布途径。这是继《科学超能方法论》之后又一本科学、高效学习的方法论著作和工具书。

——使徒子，漫画家

会用工具的人，能更好地在移动互联网生存，看看高手怎样把 Kindle 变成学习神器，也许我们也能举一反三。

——秋叶，秋叶 PPT 创始人，知识 IP 大本营创始人

毋庸置疑，"输出"是最好的学习方式，如果要再进阶一下，那就是直树桑在本书提到的"Kindle 读记流"了。掌握思维，配合利器，方能事半功倍。

——郭晓力，幕布 COO 与联合创始人

这一次，直树桑给我们带来了一本系统、全面的 Kindle 学习指南，它不仅是一部电子书使用的绝佳攻略，更是一次阅读思维的革新体验。

——唐毅，印象笔记 CEO

如果有人问我：电子书如何可以做到很有效率地阅读？有什么技巧和方法？你手上这本书，是我能想到的唯一答案。

——彭小六，青年作家，洋葱阅读法创始人

# { 前言 }
PREFACE

回望过去五年对我影响最大的两个科技产品,一个是 Macbook,而另外一个就是 Kindle(见图 0-1)。前者为我重新定义了什么是好的操作系统,让我提升了工作效率。后者则告诉我,原来读书还可以这么便捷,原来学外语还可以用这种方式。

图 0-1  Kindle & Macbook

Kindle 是 2013 年进入中国的,当时在国内首次上线的机型是 Kindle Paperwhite 2(KPW2),有意思的是,我的第一台 Kindle

也是这个型号。

我相信每个人都会有一段自己和 Kindle 的故事,当然,我也不例外。

## 我与 Kindle 的故事

那是四年前的一个午后,我拿到了心心念的 Kindle,那天天空万里无云,我的心情自然也是非常棒的。但这些都是不容易的,对于一个拿着紧巴巴工资的职场新人来说,买一个 Kindle 是需要下很大决心的。

因此,我在买它之前就做了很多功课,刷遍中文互联网上能看的开箱视频和能找的资料。在经历了一段时间的学习,记录和 Kindle 有关的信息并总结起来后,我觉得是时候下单了。当时抱着的是少吃几碗饭、多读几本书的心态。现在回头想想,真是个聪明的投资。

你别说,这东西个头不大,但魔力却不小,在拿到它后,我竟一天也离不开它。

彼时的我还在深圳南山的一家科技公司就职,住所和公司的距离并不近,因此每天花在地铁、公交上的时间就足足有两个小时。那时候的我心里想,如果没有好好利用这些时间就太可惜了,但冥思苦想也没有很好的法子。

碎片化时间利用的概念在当时还不是很流行,但我还是意识到自己绝对不能就这么刷微信打发时间。于是,我开始下定决心拿手机看书，一上地铁就打开 iBooks[⊖] 开始读，以为自己能一直看下去。结果，拐点出现在了自己看完两本书之后，眼睛开始有不适感，甚至有点晕眩，于是赶忙打住。

可是上下班路上的时间这么长，总得做点什么吧？而就在这时候，Kindle 开始进入我的生活，它的出现很好地帮我填了移动阅读的"坑"，成了取代手机的阅读神器。

在那以后，我就花了一年多的时间把 Kindle 研究了个底朝天，从基础技巧的探索开始，结合每天的实践，很快我就把它融入了我的生活。不论公交、地铁有多挤，我都能在人群之中挤出一个空当拿出 Kindle 看起来。你能想象在人贴人的公交上还拿着 Kindle 看书的场景吗？对于这一点，我当时是自得其乐的。随着阅读量的提升，我也迫切地去了解了更多的使用方法，希望能缩小它与纸质书在阅读收获方面的差距，因此也解锁了更多的 Kindle 使用方式。

在最初的那个阶段，我探索更多的是大家都很关心的"图书资源"那部分。不得不说，资源的坑很大，我观察到很多使用 Kindle 的读者都深陷其中，导致自己屯书多，但是读书少。我当时也陷得很深，还不以为然，甚至有一段时间还成了同城读书会的"移动图书馆"。直到自己开始认识出版行业的小伙伴，才开始渐渐意识到这部分的问题，尤其是当自己意识到版权问题后，便把更多精力投入到了"数字阅读体系"的打造上。

我开始接触当时比较出名的标注神器 Kindle Mate，感觉就是"打开了新世界"，这种视野的开阔让我对 Kindle 这个工具越发喜爱。

---

⊖ 一款应用于苹果设备上的阅读和购买书籍的工具。

在那以后，经过一段时间的深入探索，我认识了 Kindle Mate 的开发者 Harvey。在与他的长期沟通中，我渐渐发现这个工具背后还有很多能激发 Kindle 潜力的点，于是进行了更深度的使用技巧挖掘。

我渐渐发现，越来越多的开发者走上了激发 Kindle 潜力的道路，这里面就包括了全平台 Kindle 标注神器 Knotes 的开发者贺乙钊，以及拥有强大导入能力的 Klib 开发者 Jason，我和他们结识后，就开始一同探索更为深度的 Kindle 使用技巧。就在近期，我还认识了 Anki 的插件开发者框框，在我的需求与他的勤奋的带动下，我们弄出了个有意思的 Anki 插件——AnKindle。有了它，大家可以更好地记忆你想记忆的内容，具体你们会在第 6 章和第 7 章了解到更多细节。

在观察到中文互联网没有什么文章能很好地说明 Kindle 的最新用法后，我开始着手写一篇全面的、可以让大家可以深度认知 Kindle 的文章，于是那篇刷爆网络的文章《你也许并不太懂 Kindle》诞生了，它在我的公众号"拾书小记"就有近百万阅读量，更是被上千个大小媒体转发，目前全网阅读量应该早已破亿。

回望自己探索 Kindle 的历程，我发现它能做的事情还真不少——不仅可以看书、阅读资讯、看杂志或报纸、看漫画，还能学外语，甚至打造自己的知识体系。

## 如何使用这本书

作为笔者探索数字阅读领域的阶段性总结，本书有着比较重要的意义。表面上本书虽然是在写 Kindle 的使用技巧，但实际上里面的很多方法是可以应用于工作、生活的思维方式，在视觉呈现上更是包括了手机阅读、平板阅读、电脑阅读等终端，在个别章节中传递的一些读书方法，在纸质阅读方面也是可以参考的。

在本书的章节设计上，我几乎是按照"一个大问题一章"的形式给各位梳理这本书的核心框架。

在第 1 章中，我从图书简史谈到了 Kindle 的诞生史，帮大家捋清楚 Kindle 相对于纸质书以及其他电子阅读器的区别，道出了我们选择 Kindle 的核心痛点。

在清楚了为什么选择 Kindle 后，我们就到了如何选择适合自己的 Kindle 的决策问题上，这时候我们就可以在第 2 章中找到解决的方案。在这里我会继续向大家发问，让大家基于自己的需求去选择适合自己的设备，还会罗列目前在售的所有 Kindle 设备，帮大家扫清购买障碍，选择最适合自己的那款。

很多读者拿到 Kindle 后就一股脑儿地翻起来，结果发现自己并不适应设备本身的环境设计，但又不知道如何调整，这正是我在第 3 章想为大家解决的问题。在这章中，我重点为大家扫清了很多信息盲点，比如开启生词本与图书同步的价值，它们在我们的日常阅读中都有着不容小觑的价值：前者在于语言学习，后者则在于多设备同步。当然，打造理想的阅读环境可没这么简单，我们还需要对"字体""广告""闪屏""密码"等多个方面进行细节调整，这些具体的内容你们都可以在第 3 章中找到。

第 4 章是每个初学者都必须认真看的部分。在这个章节中，我会从大家日常使用的场景出发，告诉大家 12 个我们平时可能会频繁使用的功能，其中就包括了用手势拉伸字体大小、通过点击改变页码形式、通过两指实现屏幕高清截图、通过收藏夹管理图书内容、通过亚马逊云来维持 Kindle 轨迹在多端的同步、省电的小技巧，等等。可以这么说，学会了这 12 个技巧后，你就可以摆脱"Kindle 小白"的称号啦。

到了第 5 章，我们就会谈到大家都会关心的问题——书从哪里来？相信每个刚接触 Kindle 的读者甚至都不懂怎么在 Kindle 买书，至于通过多渠道获取优质读物的能力，就更无从谈起了。在这章中，我将通过公版读物以及亚马逊官方电子书两方面告诉大家应该如何找到自己需要的书，这里面就包括了免费的和付费的。除此之外，我还会告诉大家一个高阶技巧，那就是"邮箱传书"，用亚马逊 Kindle 的内部语言来说就是"个人文档服务"。通过"个人文档服务"我们可以将外部的优质内容通过邮箱的形式传输到我们的 Kindle 中，其中就包括了我们自己创建的内容、聚合信息，以及通过"Send to Kindle"和"收趣"这样的第三方进行内容传输的形式。可以这么说，掌握了这章的内容后，你就几乎可以不用担心自己的 Kindle 没有东西看了。

第 6 章和第 7 章是本书的重点部分，我将在里面为大家呈现"如何利用 Kindle 高效学习"的内核——专属 Kindle 的"语言学习"和"从阅读到写作"的方法。

在第 6 章的开篇部分，我们先从对比用纸质书学英语和用 Kindle 学英语的"差异"来突出 Kindle 学习英语的优势，接着从环境层面告诉大家先要认清自己的英语水平再去选择英语词典的思维方式，通过"机内法"和"透析法"让大家形成用 Kindle 学英语的思维，再结合记忆神器 Anki 将大家在原版书中看到的内容及时地记忆下来，从而达成最佳的背诵英语单词的方式。长期且及时地实践这个过程对于每个语言学习者都是非常有价值的，同样的方法也可以运用于日语以及其他更多的语言。

在第 7 章我们讲的是 Kindle 的读书方法，这个方法是由笔者长期实践总结出来的，我把它称为 Kindle 读记流（选书－输入－加工－输出），通过 Kindle 读记流我们可以非常全面地将读书这件事从源头（选书）把控到最后的知识内化（输出）。

在选书方面，我会告诉大家我选书的逻辑，经过两次筛选后我们会得到属于自己的书单，接着通过"一个思维""三个技巧"和"两个意识"来得到我们"输入"的内容，通过 Klib 和 Knotes 等 Kindle 标注神器来帮我们更好地处理信息，最终通过"框架输出""卡片输出"以及"文章输出"等方式帮我们更好地吸收所读内容，从而形成一个完整的学习闭环。

第 8 章是我对在知乎、简书、公众号等主流平台搜集到的、大家频繁提出的问题进行的综合回答。由于内容较多，我把它们作了分类，它们分别是"Kindle 功能""Kindle 读记流"以及"我个人提升 Kindle 使用率的小方法"。如果你有相关疑问，大概也能在里面找到答案。

想以低成本学习主流外语吗？想真正掌握科学的阅读方法吗？想让利器真的为你所用吗？开始读这本书吧，你会在这座城堡中找到属于你的那份宝藏。

直树桑

## { 作者简介 }
### ABOUT THE AUTHOR

直树桑（原名林旭东）

数字阅读研究者、Kindle 资深用户、知识管理达人、少数派付费专栏"Kindle 完全使用指南"作者。曾负责多个互联网产品的运营工作，近年来开始专注数字阅读的方法研究，创办了"拾书小记"知识分享平台，开始了全网的原创内容布局：包括微信公众号、知乎、简书、微博等各大平台，累计输出超 10 万字，传播量破亿，点赞超 10 万次，收藏超 20 万次。

曾在几乎没粉丝的情况下，写出了全网上亿级传播量的现象级爆文《你也许并不太懂 Kindle》，给国内广大 Kindle 用户以启蒙作用。《如何用 Kindle 高效学习》是直树桑的第一部著作，将他多年以来对 Kindle 的使用和研究成果系统化地、毫无保留地传授给广大读者。

# { 目录 }
CONTENTS

赞誉
前言
作者简介

## 001　第 1 章　为什么选择 Kindle

纸书的发源　// 002
Kindle 诞生史　// 004
为什么要选择 Kindle　// 006
Kindle vs 纸质书　// 006
Kindle vs 同类电子阅读器　// 008
Kindle vs 其他电子设备　// 009

## 011　第 2 章　如何选择适合自己的 Kindle

决策分析　// 012
设备分析　// 016

## 023　第 3 章　如何打造理想的 Kindle 阅读环境

基础功能的开启　// 024
打造属于你的"机内环境"　// 026
关于外部环境的设计　// 039

## 041　第 4 章　Kindle 有什么好用的自带功能

功能一：快速翻页　// 042
功能二：触点页码　// 049
功能三：标注分享　// 051
功能四：截屏　// 056
功能五：笔记导出　// 058
功能六：磁盘传书　// 060
功能七：固件升级　// 060
功能八：字号拉伸　// 063
功能九：收藏夹　// 065
功能十：X-Ray　// 068
功能十一：多端同步　// 071
功能十二：飞行模式　// 078
功能十三：批量删除　// 079

## 085　第 5 章　如何找到优质的 Kindle 内容

如何定义优质的 Kindle 阅读源　// 086
有哪些优质的 Kindle 阅读源　// 087
怎样有效地利用这些资源来读书　// 092

## 121　第 6 章　如何利用 Kindle 学外语

为什么用 Kindle 学英语　// 122
用 Kindle 学英语前的准备　// 125
用 Kindle 学习英语的方法　// 129
记忆神器——暗记（Anki）// 134

## 163　第 7 章　这样用 Kindle 读书才有效

选书篇　// 165
输入篇　// 168

加工篇 // 171
输出篇 // 179

**221** 第 8 章　答疑时刻

关于 Kindle 功能的答疑　// 222
关于 Kindle 读记流的答疑　// 237
提升 Kindle 使用率的小方法　// 239

**244** 后记

第 1 章
CHAPTER 1

# 为什么选择 Kindle

纸书的发源

Kindle 诞生史

为什么要选择 Kindle

Kindle vs 纸质书

Kindle vs 同类电子阅读器

Kindle vs 其他电子设备

我一直认为，如果要对一个事物了解得足够深刻，那么一定要从历史的角度去认知它。因此，在谈如何选择 Kindle 前，我想先让大家从历史的角度去了解一下图书形态从纸质书到电子书的演化过程，帮助大家去快速还原一下这段微历史。

## 纸书的发源

公元 11 世纪初，在中国，有一个叫毕昇的印刷铺工人（图 1-1），在长期手工印刷的工作过程中发现了雕版印刷的缺点，即每印刷一本书都要重新雕一次版，不但占用时间，成本也不小。这时候，毕昇就开始想了，如果改成活字版，只需要雕刻一副活字就可以应用于任何书籍，尽管制作过程烦琐了些，但从长远来看是非常省力省事的。在这样的思路下，他发明了活字印刷术，这个创举也让他一跃成为世界印刷史上的大发明家，该技术与造纸术、火药与指南针一起被誉为中国古代的四大发明。

尽管毕昇发明了活字印刷术，但这个技术没有得到及时的推广，因此影响力也十分有限。

到了 15 世纪初，一个来自神圣罗马帝国的大叔发明了铅活字印刷术，这是一种比毕昇的活字印刷术更有效率的印刷工艺。这个技术让他的名字响彻了整个世界，他就是著名的印刷商约翰内斯·古登堡（Johannes Gutenberg），闻名于世的《古登堡圣经》就是他的第一部印刷品

图 1-1　毕昇像

(图 1-2)。

古登堡的铅活字印刷术的诞生有着划时代的意义：它不仅让印刷成本大大降低，还让印刷速度大大提升。随着铅活字印刷术的传播与发展，纸质书得以走进千家万户，也让欧洲文盲大大减少了。

约翰内斯·古登堡　　　　　《古登堡圣经》
Johannes Gutenberg　　　　Gutenberg Bible

图 1-2　古登堡和《古登堡圣经》

1971 年 7 月，一个来自美国伊利诺伊大学的学生迈克尔·哈特（Michael Hart）发起了一个由志愿者参与、致力于将文化作品数字化的项目，其中绝大部分书为公有领域书籍的原本。该计划目前藏书超过 5 万册，它就是古登堡计划，是为了纪念古登堡对纸质书的贡献而命名的。古登堡计划是世界上最早的数字图书馆，它的诞生也意味着电子阅读的开始。

20 世纪末，电子阅读器这个新产物诞生了，不论是创业公司还是产业巨头都参与了进来，但由于技术不成熟、图书资源有限等原因，它们并没有让电子阅读器走进大众视野。

## Kindle 诞生史

随着电子墨水屏技术的成熟,电子阅读器不被大众认可的局面开始有了一些变化。

图 1-3　Kindle 1

2007 年 11 月 19 日,亚马逊的 CEO 杰夫·贝佐斯(Jeff Bezos)在曼哈顿召开了准备数年的产品 Kindle 1(见图 1-3)的新品发布会,他告诉大家,Kindle 诞生了。这个在现在看来笨拙无比⊖的设备,在发布几个小时后就被抢购一空。

如果说约翰内斯·古登堡的铅活字印刷让纸质书走向千家万户,那么 Kindle 的诞生和发展无疑让电子书走向了世界的每一个角落。

在 Kindle 1 发布之后,亚马逊几乎每年都会迭代出新的产品,这个演化过程大家可以从图 1-4 中看出。

其中,Kindle DX 是目前为止屏幕最大的 Kindle,尺寸达 9.7 英寸⊖,内存也达到 4GB,要知道那还是 2009 年。不过 Kindle DX 现已停产。

Kindle Paperwhite 1 是第一个取消键盘设计的 Kindle 系列产品。在间隔了数年后,Kindle Oasis 出现,让按键又以一种新的姿

---

⊖ Kindle 1 上线的时候配的是四级灰度的显示屏、250MB 的内存,而现在最基础的配置都是 16 级灰度显示屏和 4G 内存。

⊖ 1 英寸 = 2.54 厘米。

态回归了,它的使用不再复杂,搭配上了重力感应系统,也让左右手灵活翻页变得更加方便。

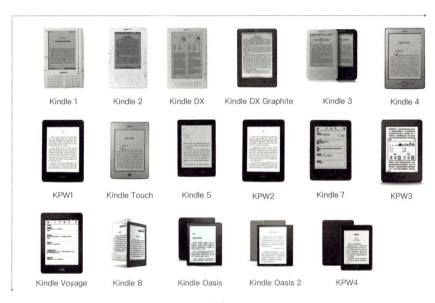

图 1-4　Kindle 设备:2007 ～ 2018

　　Kindle 的诞生与发展引发了电子阅读器在全球的传播,在这个过程中,Kindle 也逐渐成了电子阅读器的代名词,推动了整个行业的繁荣与发展。和过去唱衰亚马逊电子阅读业务的声音相悖的是,实际上 Kindle 电子书的发展还间接推动了纸质书的销量,纸电同步渐渐成了一个趋势。

　　韩国学者柳永镐曾在其专著《亚马逊经济学》中说道:"亚马逊 Kindle 完全改变了电子书行业的标准,Kindle 问世前后的全球电子书行业可以被划分为两个时代。"

## 为什么要选择 Kindle

这是个快节奏的时代，积极向上的人都在为了提升自己的能力而努力，我们会为了学习一种乐器而花钱报班学习，我们会为了锻炼身体而去健身房每日训练，我们还会为学习语言而选择参与线下口语培训。但我不得不说，相比于其他投资而言，读书是投资成本最低却收效最大的行为。

谈起读书，我相信每个人都会脑补无数个我们平时接触的阅读形式，大家下意识会想到的应该都是纸质书、手机这些我们平时就经常接触的阅读形式。那么，我们为什么一定要用 Kindle 呢？这是个很不错的问题，我相信很多人也都是存在疑惑的。

作为一个阅读爱好者，同时也是深度的 Kindle 用户，我将把 Kindle 和目前其他主流的阅读形式给大家做一个综合的对比，这么做的目的是减少你们的选择成本，从而把更多精力放在阅读本身上。那么，为什么要选 Kindle 作为我们的主流阅读工具呢？且听我娓娓道来。

## Kindle vs 纸质书

纸质书一直以来都是热爱读书者的最爱，我们可以在自己的卧室阅读，在图书馆阅读，在任何一个安静的角落阅读。纸质书的优势毋庸置疑，就连你随意记录在上面的文字，也成了你独一无二的痕迹。我们漫长的求学生涯，也都是和纸质书绑定在一起的。

然而就是这个大家都非常认同的阅读方式却在渐渐显露出它的弊端，尤其是当我们上大学后，当我们毕业后，有了更多的通勤场景和出行场景的时候，纸质书笨重的缺点就暴露无遗。上下地铁的时候，我们没办法捧着一本几百页的书畅快阅读，它不仅重而且还不清晰，尤其是在环境光线不足的时候。

这时候，Kindle 的出现就很好地解决了这个问题。从储量上看，Kindle 有着海量的储存空间，在售款的内存均在 4G 到 32G 之间，存几千册电子书不在话下，俨然成了我们的移动图书馆。在出行时，我们只需要提前将电子书购买好，并及时连接 Wi-Fi 将它们下载到本地，然后就可以随时随地打开阅读了。

图 1-5 《KK 三部曲》

为了在具体情境下对纸质书和电子书进行对比，我们可以拿来《KK 三部曲》(《失控》+《科技想要什么》+《必然》) 的电子书和纸质书进行对比（见图 1-5）。通过亚马逊的官方数据，我们可以看到，如果是通过纸质书阅读的话，我们需要拿着三本总页数是 1543 页的图书，而装在 Kindle 上的话，它不会增加任何重量。在价格上，Kindle 版本还比纸质版便宜了足足 130 多元，真是捡到便宜了！

从便捷性上看，Kindle 的设计非常小巧，6～7 英寸的插袋设计让它可以随时从咱们的包中收拿取放，一打开就能立马连入上次休眠时的进度继续读下去。在通勤的时候，你可以随时拿出 Kindle 阅读，这时候不需要在意别人的眼光，只需要沉浸在自己的阅读世界，认真读下去就好，接着你会感到自己很酷。嗯，就是这样。

## Kindle vs 同类电子阅读器

我们都知道，将电子阅读器的名称打入全世界的 Kindle 早就是电子阅读器的代名词了。但不得不说，还是有很多各式各样的优质竞争对手也在这个领域中分到了属于自己的那杯羹，比如日本乐天的 Kobo，比如美国巴诺图书的 Nook。近年来国内电子阅读器的发展也非常强劲，比如掌阅的 iReader、文石的 Boox，等等。

这时候我们会发现，这些电子阅读器虽然在外观上会有一些差异，但在性能上却越来越接近了，那么这类产品到最后竞争的是什么呢？同类产品竞争到最后的自然是比较细的部分了，在我看来，主要可以看两方面。

一方面，是正版书库。相比于其他同类产品，Kindle 的电子书库从目前来看可以说是最大且类别最全的，我们可以通过远低于纸质书的价格购买到正版的读物，如前面提到的《KK 三部曲》。

另一方面，是在软件生态上。因为 Kindle 的知名度，有非常多国内外的开发者专门为其定制了相应的轻工具（比如我们将要在第 6 章、第 7 章提到的各种标注神器和记忆神器），从而方便了用户对阅读痕迹进行后期处理，完成从"输入"到"输出"的学习的闭环。

最后从品牌价值来看，Kindle 作为目前全球电子阅读器领域销量最好的产品，是有其强大的口碑以及优质的客户服务做支撑的。换句话说，我们买 Kindle 在某种程度上也是买了某种安心。

当然，未来的电子阅读器领域的竞争将越来越激烈，让我们都期待一下吧。

## Kindle vs 其他电子设备

全民阅读正在兴起，不论是普罗大众还是科技公司，都开始重视这一块。于是我们可以看到很多阅读软件都应运而生，包括国内正在兴起的微信阅读、网易蜗牛阅读等这些优质的移动阅读 App，甚至连 Kindle 本身也有 Kindle App。它们的出现让阅读成了一件非常便捷的事情，我们可以随时拿起手机、平板电脑阅读。

那么，Kindle 和它们相比又有什么优势可言呢？

事实上，Kindle 主打的是沉浸式阅读，即通过单一化的功能来实现阅读的专注。一方面，它可以让我们把注意力放在看书这件事上；另一方面，电子墨水屏不伤眼的特性也减少了我们的眼睛受到的屏幕刺激。手机、平板电脑虽然阅读起来也比较方便、快捷，但它们诸多的功能设计却容易让我们分心；它们的屏幕虽然分辨率很高，但是长期阅读也会影响我们的视力。

Kindle 不仅支持设备端，还支持移动端和桌面端，不论你在电脑上、手机上还是平板电脑上，只需要登入 Kindle App 并登入你的 Kindle 账号，就可以同步你在设备端 Kindle 的阅读数据。换句话说，Kindle 在一定程度上和手机、平板电脑以及电脑是打通的，比如有时候你出门忘了带 Kindle，这时候用你的手机也可以继续你之前在 Kindle 中的阅读，可以说非常方便了。

综上所述，我们会发现，Kindle 和纸质书、其他电子阅读器以及电子设备对比来说，在阅读目的上是一致的，我们都是想通过阅读来获取知识，但是在便携性、沉浸感、正版书库的大小、软件生态的影响力以及跨平台的能力上，Kindle 显然都是最好的。

如果你想购买一个可以打通纸质书与电子设备的工具，那么 Kindle 无疑是最佳选择。而其他形式的阅读是可以同时存在的，只要我们掌握了恰当的阅读方法，它们的关系将会是相辅相成的，而不是有你无我的。

### 本章小结

Kindle 是亚马逊在 21 世纪初给世人带来的礼物，选择 Kindle 来阅读和学习无疑是一个相对省力的、低价的投入。移动阅读的兴起让很多优秀的手机阅读 App 出现在我们的身边，学会在 Kindle 和这些阅读 App 之间切换，也是我们每一个想要学习的人应该培养的能力。通过阅读来收获成长，没有比这个更廉价的投入了。

说到这里，大家一定会发问，既然这么有必要买一个 Kindle，那么应该如何选择呢？别着急，我在下一章将给你做一个综合的分析。

第 2 章
CHAPTER 2

# 如何选择适合自己的 Kindle

决策分析

设备分析

Kindle

如何选择适合自己的 Kindle 呢？相信这是每个 Kindle 用户以及尚未拥有 Kindle 的人都会思考的问题。一方面，尚未购买的人因为缺乏了解，会因此陷入不知道买哪款合适的矛盾中，很可能砸了重金也不知道有什么用；另一方面，已有 Kindle 的用户可能也会有"用了多年后需要更新换代"或"升级设备"的需要。当然还有一点，就是我们学会如何选择后，也可以帮助朋友进行 Kindle 的选择。

我们都知道，自 2007 年发布 Kindle 1 以来，亚马逊几乎保持着每年一代的速度更新着自己的设备，目前在售机型更是跨越了三代的机型：从第七代（Kindle Paperwhite 3）跨越到了第九代（Kindle Oasis 2）。

在上一章中，我们通过了解纸质书的发展历史以及 Kindle 的诞生史，对比纸质书、同类电子阅读器以及其他电子设备，得出了 Kindle 相对于其他阅读方式/设备的区别，大体集中在了"沉浸式的体验""便携的设计"以及"护眼设计"等多个方面，那么这些功能是不是每一台设备都有呢，我们应该如何选择？在这章中，我将告诉大家具体的决策方式。

## 决策分析

从一般用户的角度来看，我们关注 Kindle 一般会考虑以下几点。

（1）价格
（2）外观
（3）材质

(4)屏幕大小
(5)是否有实体键盘
(6)是否有背光灯
……

为了方便大家更好地选择,我特地做了一张基于价格和功能的购买决策图(见图 2-1),相信能给大家一些参考。

图 2-1  Kindle 坐标购买决策图

图中的横坐标为价格线,纵坐标为功能线。通过这张图我们可以清晰地发现,如果我们需要更多的功能,就要付出更高的价格。接着,我们会发现坐标轴原点上方有一款设备出现了价格中等但功能非常突出的情况,这一款设备就是我们的经典设备

Kindle Paperwhite 产品线中的最新产品 Kindle Paperwhite 4。纵观整个坐标轴我们会发现，这个图就是以这个原点为中心拓展开的，换句话说，设备的选择无非就是看大家对功能和价格的预期是怎样的，再做出权衡。

但仅仅从这样一张图中，大家可能还看不出所以然来。为了让大家更好地选择 Kindle，我还基于网友的智慧，并结合最新的设备去重构了一张 Kindle 需求购买决策图（图 2-2）。这个图对于那些对价格不敏感，但是对需求敏感的读者会非常有帮助。

通过这张图，我们会发现，从"是否拥有背光"的角度就可以把 Kindle 的产品线划分为入门级和进阶级两个阵营。

对于在售的两款入门级设备，我们会发现，是否看言情小说成了我们决策的一个重要因素，因为"Kindle X Migu"嵌入了咪咕系统，而咪咕系统里面有着大量的言情小说资源。如果你有这方面的需求，那么它将会是你很好的选择，否则的话，价格更低廉、性能更稳定的 Kindle 8 无疑更加适合你。

而在进阶机型的阵营中，我们会发现，目前在售的两款都非常值得入手，它们的差距也是以一些具体的功能作为划分的，比如，如果大家只需要有背光功能、高分辨率、IPX8 级防水以及黑白模式的话，那么刚出来的这款 Kindle Paperwhite 4 就非常符合你的要求；而如果你想要"物理按键""重力感应""金属外观"以及 7 英寸（1 英寸约合 2.54 厘米）大屏的话，那么 Kindle Oasis 2 这款"机皇"你就不能错过了。

这么看来，大家应该也很清楚，Kindle 的产品线有着完善的价格梯度，因此价格高几乎就可以理解为"更好用"。

总的来说，我会建议大学生和初入职场的读者选择性价比较高的设备，比如 Kindle 8。对于现在可能还拮据的你，这会是一个

第 2 章 如何选择适合自己的 Kindle

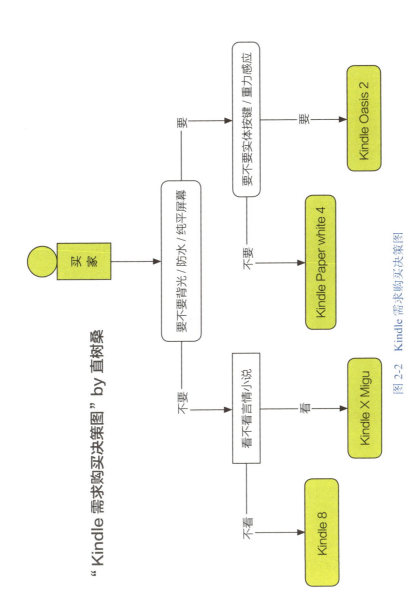

图 2-2　Kindle 需求购买决策图

非常好的选择，你可以用较低的价格入手心仪已久的神器，只要习惯了它的屏幕，大家的基本阅读是不会受到影响的。在决策过程中，你会发现选择这两款入门级设备也会有一些问题：入门级 Kindle 8 在晚上或者环境光较暗的情况下的使用会受到限制，阅读起来相对麻烦。

如果你对阅读有稍高的要求，但预算依旧有限的话，那么新出的 Kindle Paperwhite 4 将是你的理想选择：高等级的防水功能、纯平屏幕、背光显示一个都不少。

如果你是收入稳定的职场人士或者重度电子阅读爱好者，我都会推荐你入手"机皇"Kindle Oasis。根据前面说的 Kindle 产品线的价格梯度理论，我们可以了解到，更贵的产品代表了更多的功能，也适用于更多场景，比如 Kindle Oasis 2 因其"大屏""重力感应""金属质感""实体按键"等特性，让你在任何场景都可以进行无障碍的阅读。

下面，我将就设备本身给各位进行综合分析。

## 设备分析

为了让大家能够更加直观地看出目前在售几款设备的区别，我还给大家制作了一张标注重点的表格，如图 2-3 所示。

下面就是针对具体款式的分析，相信能为你的决策提供一些更为有效的建议。

### ◉ 入门版 Kindle 8

Kindle 8（K8，见图 2-4）是一款定位为入门级的设备，通过

| | Kindle 8 | Kindle X Migu | Kindle Paperwhite 3 | Kindle Voyage | Kindle Oasis 2 |
|---|---|---|---|---|---|
| 价格 | ￥558.00 | ￥658.00 | ￥958.00 | ￥1499.00 | ￥2399.00 |
| 屏幕尺寸 | 6英寸 | 6英寸 | 6英寸 | 6英寸 | 7英寸 |
| 分辨率 | 167ppi | 167ppi | 300ppi | 300ppi | 300ppi |
| 支持嵌入文字 | 否 | 是 | 否 | 否 | 否 |
| 防反光触摸屏幕 | 有 | 有 | 有 | 有 | 有 |
| 翻页键 | 触控屏 | 触控屏 | 触控屏 | 触控屏+压敏按键 | 触控屏+物理按键 |
| 内置阅读灯 | 无 | 无 | 有, 4个内置阅读灯 | 有, 内置阅读灯数量未知 | 有, 12个内置阅读灯+光线感应器 |
| 存储容量 | 4GB | 4GB | 4GB | 4GB | 8GB |
| 重量 | 161g | 161g | 205g | 180g | 195g |
| 设备尺寸 | 160mm×115mm×9.1mm | 160mm×115mm×9.1mm | 169mm×117mm×9.1mm | 162mm×115mm×7.6mm | 159mm×141mm×(3.4~8.3mm) |
| 颜色 | 黑/白 | 黑/白 | 黑/白 | 黑 | 银灰/香槟金 |

图 2-3 Kindle 设备对比图

对比其他机型来看,其性价比极高。Kindle 8 相较于上代 Kindle 7 来说,在重量、速度等方面都有了很大的优化与提升,如果你细心观察还会发现,它的重量在目前产品线中甚至也是最轻的(和 Migu 款并列)。

图 2-4　Kindle 8

不得不说,亚马逊在产品价格梯度这块做得真的非常有一套,低廉的价格带来的是非常"入门级"的体验。具体表现就是:

(1)分辨率略低了点儿;
(2)没有背光;
(3)塑料感相对较强。

如果你手头比较紧又想用 Kindle 读书的话,我会建议你买这台设备,500 多元的价格非常有诱惑力,黑白两色任君选择。你可能会在意分辨率和背光灯的问题,别着急,肉眼的识别能力或许并没有你想的那么强。根据很多使用 K8 的读者反馈,你一旦适应了这个分辨率,实际上的差距也没有你想象的那么大,只要不直接和其他设备对比就好。

建议购买人群：

（1）正在培养阅读爱好的人或轻度阅读爱好者。
（2）在校手头比较紧的学生或初入职场的新人。
（3）刚了解到 Kindle，想尝试又怕成本太高的人。

## ⦿ 咪咕联名版 Kindle X Migu

Kindle X Migu（如图 2-5 所示）是 Kindle 第一次以电子阅读器的形式和其他品牌进行联名合作，该设备可以连通咪咕文学的系统以及 Kindle 的系统。如果你刚好喜欢看网文，那么这台设备无疑是你的宝贝。

图 2-5　Kindle X Migu

600 多元的价格就可以让你拥有 K8 的基础设计以及双系统的便捷，它相当于让你拥有了藏书量高达 100 万的线上图书馆。因为有了这样的双系统，我还提供了一个思路，就是如果你已经是网文爱好者了，那么 Kindle X Migu 或许能帮你实现从网文爱好者到文学爱好者的变化。

最后，我再强调下，除了双系统外，Migu 和 K8 在外观上几乎是没区别的，拥有同样的黑白两个配色，但在系统上是有区别的。在双系统环境下，我们会发现，Kindle 系统是一个简化的系统，和一般的系统还是有区别的，但功能是一样的，这点大家也需要留意一下。除此之外，双系统下的 Kindle 稳定性势必会比原版差一些，这也是大家需要考虑的点。

这款设备最适合谁：手头比较紧的在校学生、想了解 Kindle 又怕成本太高的人、轻度阅读爱好者、喜欢网文或者想从网文坑中跳出的人。

## ⊙ 经典机型 Kindle Paperwhite 4

Paperwhite 系列一直是 Kindle 产品线中性价比较高的经典款式，可以说是一棵常青树，以其稳健的定位，一直是 Kindle 中销量最多的一个款式。Kindle 在 2018 年末推出了该产品线的最新款设备，即全新的 Kindle Paperwhite 4（图 2-6），在价格没有明显提升的情况下对性能进行了多维度的提升。

图 2-6  Kindle Paperwhite 3

之所以说它是经典机型,一方面是因为它在价格上一直都是比较亲民的,不论性能如何提升,都保证了价格区间在千元内;另外一方面则表现在其强悍的性能上。在 Kindle Voyage 下架后,Kindle Paperwhite 4 显然就成了 Kindle 中端机型的代表。相比前代 Kindle Paperwhite 3,它在尺寸大小、重量、功能上都有了不同程度的提升,一些原来只在高端设备上有的功能也体现在了这款设备上,诸如纯平设计、高级别的防水功能以及黑白模式。可以说 Kindle Paperwhite 4 目前在性价比这方面的进步十分感人。

这款设备最合适谁:在校学生、职场新人、阅读爱好者、对阅读体验略有要求的读者、需要长时间进行阅读的读者。

## ⊙ 最强机皇 Kindle Oasis 2

Kindle Oasis 2 是亚马逊 Kindle 在 2017 年末发布的一款划时代的产品(见图 2-7),它的前身 Kindle Oasis 1 在它上线几个月前便已下线。Kindle Oasis 2 的厉害之处在于它延续了上一代的"重力感应""实体按键"等重要特性的同时,还满足了更多读者的潜在需求,包括"更大的屏幕"(从 6 英寸到 7 英寸)、"金属质感"等。

图 2-7　Kindle Oasis 2

毫不夸张地说，Kindle Oasis 2 是目前 Kindle 产品线中最强大的产品，在当前已发布的十代产品中也是可以毫无悬念地获得"机皇"的称号。笔者亲自使用过它的体会是，相比其他款设备在体验上有了明显的提升：增加了自动调节背光的选项后省心了不少；重力感应让我们可以更方便地通过左右手阅读；黑白选择模式让夜晚有了新的阅读体验；高级别的防水设计为我们提供了方便，当设备脏了时，我们甚至可以随时用水龙头对设备进行冲洗（尽可能地避免让 USB 接口和液体直接接触）。

推荐人群：不缺钱的学生、有文化的富二代、对阅读有超高需求的用户、科技爱好者、电子阅读深度用户。

## 本章小结

在这章中，我通过购买决策图（图 2-1）和需求购买决策图（图 2-2）先给大家建立了基础的 Kindle 决策观，接着通过各个现役设备的重点特性来给大家具体呈现产品的价值，并附上推荐人群，帮助大家更好地做出决策。

总体来看，任何产品的选择都是因人而异、因需而异，Kindle 也一样，重点是你需要清楚自己的需求和预算，在自己能接受的范围内选最好的。基于这样的思考，绝对不会错的。

第 3 章
CHAPTER 3

# 如何打造理想的 Kindle 阅读环境

基础功能的开启
打造属于你的"机内环境"
关于外部环境的设计

Kindle

很多人买来 Kindle 就直接读了起来，这么做其实并没有错，毕竟我们购买电子阅读器的目的还是服务于阅读的。但是，对于 Kindle 这类诞生了十来年的电子阅读器来说，长期的"设备迭代"以及"固件升级"让它拥有了许多"隐藏设计"，这些"隐藏设计"往往是需要根据我们的需求去选择的，而 Kindle 的"默认设置"未必就合适你。

如果你长期拿 Kindle "压泡面"的话，这块自然就容易被忽略了。我觉得这是非常可惜的，于是就有了这一章。在本章中，我打算把自己打造 Kindle "机内阅读环境"的设置要点告诉大家。这里面的每一点都是我觉得通过简单设计就可以一劳永逸的点，相信能给大家设置自己的理想阅读模式提供一些借鉴。在章末的最后一个小节，我还会告诉大家一些可以提升大家阅读体验的"外部环境"的设置建议。

下面，我将分点为大家说明"如何打造理想的 Kindle 阅读环境"。

## 基础功能的开启

首先，请确保你打开了这两个功能。

在所有功能中，有两个是必须开的。它们分别是下面我要给大家说的生词本和图书同步功能。我们后续的很多内容是需要基于它们才能进行的，也就是说，这两个功能是基础中的基础，我在这里提醒，也是因为担心大家误操作而关闭它们，导致后面的很多深度技巧无法使用。

## ⊙ 基本功能 1：生词本与生词提示

此功能一般是系统默认打开的，因此你只需要去确认下这个功能打开与否即可。打开方式如下：[右上角菜单]→[设置]→[阅读选项]→[语言习得]→[开启生词本]。

如图 3-1 所示。

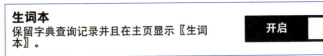

图 3-1　生词本

那么，这个生词本到底是什么，有什么作用呢？从生词本的放置路径大家也可以看出来，它事实上是辅助大家学习语言的一个预装功能，开启生词本后，我们在阅读过程中任何对单词的操作都会被记录下来，不论是中文还是英文，对于这些记录我们可以通过 Kindle 本身去进行反复学习和记忆。

美中不足的是，依靠设备本身的记忆方式不够系统和规律，因此我会在第 6 章详细和大家说说如何利用生词本以及如何使用记忆神器 Anki 来学习英语。

## ⊙ 基本功能 2：Whispersync

Whispersync 实际上是一个图书同步的概念。我们在阅读的时候会做标注，会做笔记，而这个功能可以连接我们的 Kindle 和亚马逊云，从而将我们的标注和笔记同步到我们所用的其他终端去。

那么，如何确保你的 Whispersync 是打开的呢？方式如下：

[右上角菜单]→[设置]→[设备选项]→[高级选项]→[Whispersync 图书同步]。

你只需要确认该条目下方显示"已启用"即可,如图 3-2 所示。

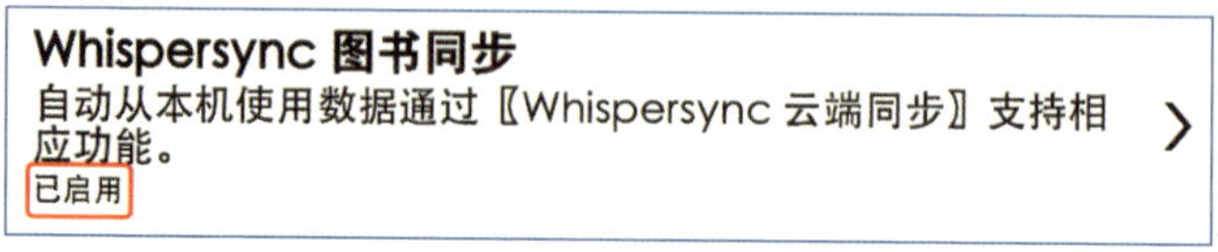

图 3-2  Whispersync 图书同步

关于该功能的详细运用,我会在第 4 章中的"多端同步"部分给大家详细说明。

## 打造属于你的"机内环境"

在这部分中,我将从两个部分、一共八点来告诉大家一些比较详细的"机内环境"设置方法。

### ◉ 第一部分:显示(Aa)设置

#### 1. 寻找入口

显示设置的入口还是比较明显的,我们只需要点击 Kindle 顶部往下三厘米的范围即可唤醒功能区,如图 3-3 中①处所示。要打开显示(Aa)也只需要点击已唤醒的功能区右边的"Aa"按钮即可,如图 3-3 中②处所示。

#### 2. 字体选择

字体在显示设置中位于第一个位置。我们都知道,字体在阅读过程中是一个比较影响体验的模块，因此 Kindle 显然也非常注重这一块，尤其是英文字体体验。目前 Kindle 的中文字体共有四种，而英文字体足足有九种之多。下文会就中英文字体给大家做个简单的推荐。

注意：此部分内容以 Kindle 固件 5.9.6 为基础展开阐述，如果你已更新到更新的版本，可以参照本书内容进行相关调节，也可以关注公众号"拾书小记"搜索"固件"获取最新的 Kindle 固件解读。

图 3-3　显示入口

（1）中文字体

宋、黑、楷、圆，相信这四种字体大家都不会陌生。我们可以选择的中文字体着实不多。在很长一段时间里，我们都处在一种选择局限的圈子里。在只有四种基础字体的情况下，我发现圆体和楷体在表现上相对比较突出。其中圆体给人的感觉是干净、舒服，而楷体则有一种工整带着点认真的感觉，总体来看，这两种中文字体都是相对有辨识度的。

但在 Kindle 固件更新到 5.9.6 以后，上面四大中文字体鼎立的局面将被打破，我们将会拥有更多的字体选择——当然，必须在确保版权没问题的前提下。

那么应该如何操作呢？下面我把操作步骤给大家列出来：

① 升级固件到最新，固件升级步骤可以在第 4 章的"固件升级"中学习；

② 选择自己喜欢的字体并下载到本地。可以下载已经开放版权的思源黑体和思源宋体，也可以下载一些其他的付费字体。在本次字体测试中，我就用了从网上下载的思源宋体（见图 3-4）以及在网上购买的喜鹊系列字体。如果你下载的是压缩文件，则可在解压后使用。

图 3-4　思源宋体

③ 将 Kindle 连接电脑并打开 Kindle 的根目录，发现新增的 fonts 文件夹（见图 3-5）。

④ 将解压后的文件复制到 fonts 文件夹中（见图 3-6），复制完毕后可将 Kindle 从电脑中断开连接。

⑤ 从显示（Aa）设置菜单中选择了自定义字体后，Kindle 将以该字体显示多数电子书的内容。如果某部书的内容不能以该字

体显示，Kindle 将使用系统默认字体。这种情况发生的原因可能是该字体不支持书中的文字或该字体已损坏。

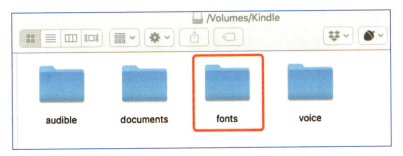

图 3-5　Kindle 字体库文件夹

图 3-6　Kindle 字体库文件

如果你找不到相关的免费开源字体，我也为大家推荐了两款我觉得不错的字体，大家可以到我的公众号"拾书小记"（ID：shishuxiaoji）回复"字体"来获取这些文件。

以上就是中文字体的介绍，下面我们再来谈谈英文字体部分。

### （2）英文字体

Kindle 的英文字体相对于中文字体来说就有了更多的选择，毕竟英文原版一直都是 Kindle 的重头戏。不过在我看来，选择多不一定是好事，一定程度会给有选择困难症的 Kindle 使用者带来困惑。

  为了解决这个问题，我在这九款字体中精选了两款给各位，它们分别是 Bookerly 和 OpenDyslexic。

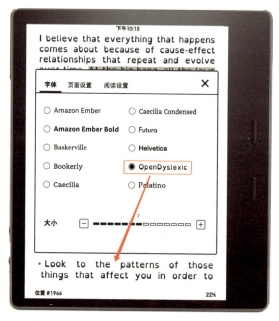

图 3-7 Kindle 英文推荐字体：OpenDyslexic

  如图 3-7 所示，OpenDyslexic 是为有视力障碍的人设计的字体，当然我觉得它更适合有快速阅读需求的读者，当然也非常适合一般的用户。如果你认真观察，会发现这个字体在底部会相对比较浑厚，这样设计是为了增强字母的可读性，另外也能增强它自身的可识别度，一些在一般字体中容易混淆的字母，在这个字体中是不存在这种问题的，比如 1、l、i、j 之类。因此我把它推荐给大家，相信使用它能为大家的英文原著阅读减轻不少压力。

  而另一款推荐是 Bookerly，如图 3-8 所示，这款字体看似比较正常，却在正常中很好地拿捏了尺度，不紧不松刚刚好。另外，Bookerly 的设计者还把它的线条做得比较圆润且稍有粗感，因此也是相对容易被识别的。最后，如果你认真比较它和其他字体，你会发现它在视觉上和可读性上都是稍微占优势的。

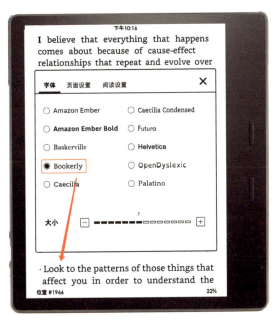

图 3-8　Kindle 英文推荐字体：Bookerly

### 3. 页面设置

页面设置在显示设置中的第二个位置（见图 3-9），你的书看得舒不舒服，排版好不好看，最关键的一点就是，你是否对页面设置做了合乎自己视觉体验的调整。

页面设置包括四个要素，即"行间距""页边距""方向"以及"对齐"四块。

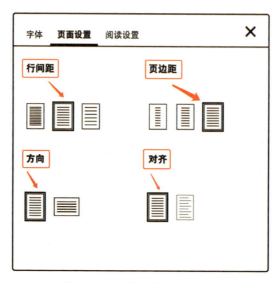

图 3-9　页面设置推荐解决方案

其中,"行间距"决定的是你阅读时每一行之间的距离,这个距离设置太窄会不舒服,太宽又会影响效率,因此我推荐中间的这个选项。而"页边距"则体现的是两边的边缘到文字之间的距离,个人认为第一个和第二个都太宽了,影响阅读效率,因此比较推荐用第三个。

在"方向"上,我建议如果你阅读的是 PDF 文档,那么就选择横向阅读模式,而如果你看的是在亚马逊购买的书的话,那么我还是建议通过竖向模式去阅读。

最后一个选项是"对齐"模式,左边那个是两端对齐,右边那个是靠左对齐。如果你都体验过一遍的话,你会发现左边的模式用起来比较舒服,没有那么强的拘束感,而右边会显得不够有组织性,有一点压迫感,因此我推荐的是左边的这个选择。具体的操作,大家可以看上图的标识,当然你也可以自己尝试更适合你的阅读体验。

4. 阅读设置

阅读设置这块主要由两部分组成（见图 3-10），它们分别是"阅读进度"和"阅读时显示时钟"。

图 3-10　阅读设置

其中"阅读进度"即在 Kindle 屏幕的左下角通过显示"该页内容在本书中的位置码""距离本章节的阅读结束时间""距离本书的阅读结束时间"以及"什么都不设置"来完成对阅读进度的把控。

个人认为，掌握"阅读时间"和"图书剩余时间"的评估没有太大的意义，因为"阅读速度"是因人而异的，阅读时的状态自然是越沉浸越好。而什么都不选显然也不是一个合适的选择，因此我建议大家选择"书中位置"这个选项。

很多人或许对"书中位置"的"#+ 数字"的含义不是很清楚。其实它在 Kindle 中的含义就相当于页码之于纸质书的含义一样，代表的是一种位置符号，通过这个位置符号你就可以随意定位到任意你想要去的位置，当然前提是"显示设置"下的各个参数不变。

另外告诉大家一个可以快速切换阅读进度的方式——只要用手指轻触 Kindle 屏幕左下角的位置就可以进行阅读设置的快速切换操作，有兴趣的话不妨试试。

在阅读时显示时钟这块，我建议大家选择关闭。因为时钟对于阅读而言显然是个干扰项，不利于我们进行专注的阅读。而关闭的方式则很简单，就在"阅读设置"的最下面一栏，将选择关上即可（见图 3-11）。

图 3-11　关闭时钟

如果你在时间上比较吃紧，那么我会建议你使用一些外部的辅助设备，比如用手机的闹铃，或者用电脑设置个番茄时钟。

以上就是我就显示设置这部分给大家的建议。

## ⦿ 第二部分：体验设置

下面我们谈谈体验设置，体验设置是我自己设计出来的一种说法，即通过设置机内的一些容易被忽视的点来优化我们阅读体验的一种方式。

它包括了关闭广告、告别闪屏、生词提示、设置密码等诸多方面，下面我将分点为大家说明。

1. 关闭广告

不得不说，Kindle 广告对一部分人是有作用的，尤其是无目阅读的读者，这些广告显然是可以帮你们选择下一本应该读什么书的。

然而对于一些深度阅读者，或者想系统化阅读的读者，我会建议大家提前构建自己的知识框架，列好框架下的书单，然后针对性地阅读。这样的话，Kindle 给你推荐的书自然对你来说是一种困扰了。

那么 Kindle 广告都有什么类别，如何关闭呢？

在目前的 Kindle 广告体系中囊括了两种类型的广告，它们分别是主页广告和屏保广告。还有一个筛选广告的选项，相当于是一个过滤器，帮已选择广告的读者筛选掉一些敏感广告（如图 3-12 所示）。

| 广告筛选 您可以隐藏某些特惠信息，以免出现并非所有观众皆宜的图片或内容。 | 关闭 |
| --- | --- |
| 主页广告 在主页底部显示特惠横幅广告。 | 关闭 |
| 屏保广告 在屏保上显示广告。 | 关闭 |

图 3-12　关闭广告

基于以上认知，如果你刚好是我说的那类读者，那么我就建议你全部关闭。关闭方式：[右上角菜单]→[设置]→[我的账户]→[广告/特惠]→[关闭]。

2. 告别闪屏

大家经常提到的闪屏实际上和电子墨水屏的原理有关，它的出现主要是为了解决翻页时的黑色颗粒残留的问题，这个看似是问题的翻页动作本质上是一个叫"全局刷新"的概念，大多数Kindle系统是默认打开这个设置的。随着电子墨水屏的不断发展，更好的屏幕也被不断生产出来，而黑色颗粒残留的问题也在不断被解决。

如果你的设备是 Kindle 第八代或以后的产品的话，建议直接将其关闭。

那么，怎么关闭闪屏呢？

可按如下操作进行：[右上角菜单]→[设置]→[阅读选项]→[页面刷新]→[关闭]。效果如图 3-13 所示。

图 3-13　页面刷新

3. 鸟瞰全书

鸟瞰全书，顾名思义，即通过各种手段让读者可以快速了解这本书。当然在 Kindle 中它并不叫这个名字，设备端的名字叫"浏览电子书"。在这部分中，Kindle 给了我们两个选择，一个叫"热门标注"，另外一个叫"关于本书"。

"热门标注"非常好理解，就是打钩后会在这本书中很多人画线的地方给你一个线条提示，让你有目的性地做重要句子的标注或笔记。

"关于本书"其实就是开启一本书后的详情，它会包括内容简介、预估阅读时间、热门标注数量以及相关读物等，具体可见图 3-14 中书目《容忍与自由》所展示的信息，通过这条信息我们不仅可以了解到其他读者对这本书的评价，还可以了解到我们大概需要花多少时间去看这本书，以及这本书需要你做的标注数量，这样你可以对阅读这本书真正需要花费的时间有一个整体的预估，然后科学安排时间阅读。

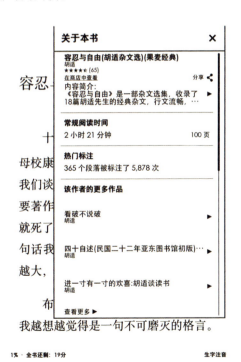

图 3-14　浏览电子书

对于大多数读者来说，这两块内容都是必要的，我建议全部打开，打开方式：[右上角菜单] → [设置] → [阅读选项] → [标注与关于本书] → [开启]。如图3-15所示。

图3-15　热门标注 & 关于本书

需要注意的是，目前这个功能只针对在Kindle书城购买的书。

4. 设置密码

任何设备都是有丢失的可能性的，Kindle也不例外。我们丢手机担心的是信息泄露，那么Kindle就安全了吗？其实不然，Kindle上的读物一定程度也是你的宝贝，你的海量信息存在了My Clippings.txt上，一旦被删则不易找回。除了定期备份内容外，还有一个很好的解决方案，那就是密码的设置。

Kindle的密码设置比较特别，它可以设置1～12位的任何数字，建议大家有点安全意识，设置稍微长一点的密码，至少不要给人可以随意破解的机会。

如何设置密码呢？

打开方式其实也很简单，步骤如下：[右上角菜单] → [设置] → [设备选项] → [设置密码]。

以上就是机内环境中我比较建议大家调整的内容，最后，让我们再谈谈外部环境的设计。

## 关于外部环境的设计

在外部环境方面,我建议大家,不论你的 Kindle 是否有背光灯,都尽量找个有健康光源的环境去阅读,这样的话可以尽可能减少因环境过暗对眼睛造成的伤害。这种伤害短期内是看不到的,但长期势必会有影响,所以爱眼睛的读者们应该知道怎么选择了。

这里我会建议大家考虑买一台 BenQ 家的 WiT 护眼灯,真的超级好用,对于那些长期需要在电脑面前工作的朋友来说简直是福音。

如果因为环境所迫、没有足够的光源的话,建议打开 Kindle 的"夜间照明"模式。这样的话,设备会在你适应黑暗的过程中,逐渐降低屏幕亮度以达到最佳的视觉匹配。

如何打开"夜间照明"模式?

打开方式如下:[右上角菜单] → [设置] → [阅读选项] → [夜间照明]。选择开启即可(见图 3-16)。

图 3-16 夜间照明

另外还有一种解决方案,那就是找阳光通透的地方阅读。晨读是个不错的解决方案。当然,夜读也是可行的,但最好要有辅助的健康光源作为照明,不管你的 Kindle 有没有背光灯。

个人认为,背光灯的存在只是为了在一些特殊场景中让我们能把握阅读主动权,不至于陷入不能读书的困境。比如停电了,比如坐车进入隧道,比如夜晚坐飞机或坐车等。每到这样的时刻,你就会发现它是多么的有价值。

## 本章小结

在这章中，我通过机内环境和外部环境两大部分给大家揭开了 Kindle 理想环境的搭建过程，重点在于机内环境的打造上。

其中，机内环境分别从显示设置、体验设置的两大分支、八大点为大家说明了机内环境打造的细节步骤；外部环境则从"护眼灯"以及"通过夜间照明来适应外部环境"的形式来提升体验度。

作为阅读前的准备，这章的内容建议供大家在正式使用 Kindle 来阅读前参考，并结合自己的实际情况去进行设置，帮助自己在日后更好地阅读。

第 4 章
CHAPTER 4

# Kindle 有什么好用的自带功能

功能一：快速翻页
功能二：触点页码
功能三：标注分享
功能四：截屏
功能五：笔记导出
功能六：磁盘传书
功能七：固件升级

功能八：字号拉伸
功能九：收藏夹
功能十：X-Ray
功能十一：多端同步
功能十二：飞行模式
功能十三：批量删除

Kindle

因为在长期输出 Kindle 相关内容的缘故，我接触了非常多的 Kindle 读者，在这个过程中我发现了很多有意思的现象，比如大家不知道亚马逊 Kindle 的同步机制到底有什么用；比如大家会忽视固件升级的作用而选择长时间保持机内的硬件状态；比如有人会不知道怎么使用截屏的功能。凡此种种，都是大家不清楚设备本身的功能造成的，这也就是我写第 4 章的原因。

事实上，Kindle 的功能被隐藏得太深，很多时候是需要我们去主动挖掘的。经过漫长的探索后，我几乎把所有的功能都探索了出来，最终精选了我觉得对大家来说价值比较大的几个功能。

在本章中，你可以看到我是如何通过机身实现笔记导出，如何通过简单的操作实现高清截屏，如何通过收藏夹的简单分类完成书架管理，如何通过亚马逊的云同步机制来完成从设备端到移动端的内容同步……

本章的内容全都是经过我思考和实践得出的结论，相信深入学习后，对你以后使用 Kindle 一定会很有帮助。

## 功能一：快速翻页

看似简单的翻页功能，实际上也是有很多门道的，尤其是不同机型，它的用法大致都会有一些不同。

### ⦿ 通用部分

#### 基础翻页

首先大家需要确保自己的固件更新到最新的版本，接着再看看如何操作。关于翻页的基础操作看似简单，实则还是有些门道的。此部分内容仅作科普,已经知道的读者可以绕过这部分。

Kindle 的基础翻页功能实际上包含了两种手势交互,其一是简单的触屏翻页,其二则是更为灵活的滑动翻页。

在触屏翻页方面,Kindle 为我们设计的是带有大小区域的触屏设计。如图 4-1 所示,上一页的区域大致在整个横屏的左 1/6 的位置,即页码的最右侧,而其余的区域则为下一页的区域。意思就是,我们在上一页区域中任意单击即可实现上一页操作,而在下一页区域同理。这么设计可以方便大家左右手同时操作,或者通过左手就可以实现上下翻页的操作。

触屏翻页对于左撇子可能非常好用,但对于一般的用户而言则有点鸡肋了,但还有别的方法,这就是我即将为大家介绍的滚轮翻页。

图 4-1　触屏翻页

滑动翻页相比于触屏翻页而言拥有了更强的灵活性,用户单手在屏幕的任意区域都可以完成上下页的操作,手势就是轻轻地在屏幕上进行滑动即可(见图 4-2)。当然,这里有个关键点,就是左滑代表的是下一页，而右滑代表的是上一页，这可能对于用户而言还是需要适应的交互形式。老实说我不知道为什么要这样设计，如果反过来的话或许会更好。

图 4-2　滑动翻页

说完了基础的翻页形式后，让我来告诉大家一些更为快速的翻页形式，即下面要给大家提到的滚轮翻页。

### 滚轮翻页

方法如图 4-3 所示，在阅读的时候我们需要单击阅读区域上方大致三厘米的位置，唤醒功能区。在功能区的底部我们会看到两个图标。

我们试着单击左边那个图标会发现，上方出现了滚轮，并且画面中央出现了当前阅读页面的缩略图，这就是隐藏翻页模式中的第一种模式：大缩略图模式（见图 4-4a）。此模式适合结合滚轮精准地找到目标页。如果你试着点击右边的那个图标，你会发现上面的缩略图由一个变成了九个，形成了九宫格的缩略图（见图 4-4b），这种模式比较适合结合屏幕去快速找到目标页，当然对视力是有一定要求的（如果你的读物并非购自亚马逊，将无法体验九宫格缩略图模式)。

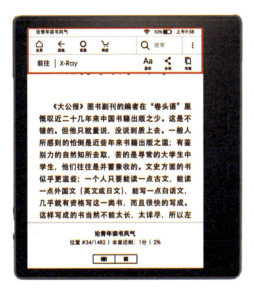

图 4-3　唤醒功能区

值得一提的是,滚轮的效果非常显著,尤其是在阅读漫画的时候,可以实现超快速的阅读体验。

## ◉ 非通用部分

Kindle 的高端设备增加了压敏按键和实体按键的功能,给了我们更多的选择。

在已从官网下线的 Kindle Voyage(KV)中,亚马逊给了我们压敏式翻页的体验,即通过按压屏幕两端对应位置(点和条的区域)即可完成上下翻页效果的特性。

如何打开压敏按键的控制呢?大家只需要按照以下几个步骤即可调出:[右上角菜单]→[设置]→[阅读选项]→[翻页键]

a)

b)

图 4-4 滚轮翻页实操

（见图 4-5）。

图 4-5　翻页键设置：开启

在 KV 中，我们可以选择是否关闭压敏翻页键，还可以根据个人需求去设置翻页时的力度以及翻页后的力回馈程度（见图 4-6），并且系统也给出了建议，比如带了休眠套的话，它会建议你在"回馈设置"上选择"高"。总而言之，大家只需要根据实际情况去设置即可。

在 Kindle 现役旗舰 Kindle Oasis 2 中，亚马逊则给出了更高级的体验——实体按键。大家可以根据自身的习惯去设置上下按键所代表的方向（见图 4-7）。具体调节可以这样操作：［右上角菜单］→［设置］→［阅读选项］→［翻页键］。

图 4-6　翻页键设置：KV 的力回馈程度

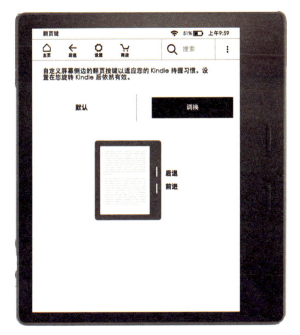

图 4-7 翻页键设置：KO2 的实体键调换

除了翻页键外，Kindle 在固件 5.9.4 中还给了 KO2 一个特殊功能，即可以选择阅读过程中是否使用屏幕的触摸功能，即我们在一些特殊场景可以选择不点击屏幕只用实体按键的模式，比如在泡澡、沙滩阅读之类的场景，这可以说非常棒了。如何操作可见图 4-8，即［右上角菜单］→［触屏关闭模式］→［确定］。

## 功能二：触点页码

在上一章我们讲到过通过阅读设置来优化我们使用 Kindle 时的阅读环境。Kindle 给我们提供了四种常用的模式，分别是"书中位置""章节剩余时间""图书剩余时间"以及"无"。

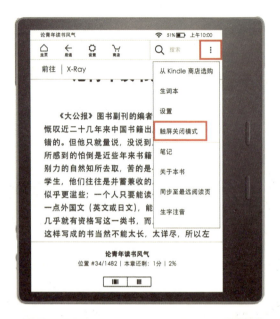

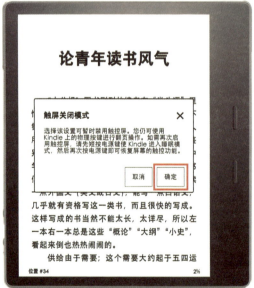

图 4-8　触屏关闭模式

那么，有没有更简易的操作呢？

事实上是有的，Kindle 给我们提供了一个非常便捷的操作形式，即通过单击图 4-9 左下角的小长方形区域即可随意切换具体页码的呈现形式。这也就是为什么有一些读者会出现阅读过程中页码消失的情况，其实只是因为你触碰了这个页码切换的区域罢了。

图 4-9　触点页码

## 功能三：标注分享

在用 Kindle 阅读的过程中，我们经常会看到一些有意思的内容（它很多时候就是简单的一句话），想第一时间和我们的朋友分享，或者发给自己。那么如何做到快速地分享这些内容呢？

Kindle 有个叫"分享"的设计，它存在于标注体系中，当你对你想要分享的内容进行标注后，在笔记后方就会出现一个分享按钮，选择"分享"你就会看到三种分享形式。

这三种分享形式分别是电子邮件、微博和微信（见图 4-10）。

其中，电子邮件是一种以"设备绑定的亚马逊登入账号所对应的邮箱"为收件目的地的形式，当然你也可以自定义接受人，比如你想传递这个内容给你的朋友或者女友（男友），就可以通过这种形式把信息传递过去。具体操作可见图 4-11，可在"收信人"的右边点击"添加"添加收信人，而主题和私信的内容也可以自己任意调整。

图 4-10　标注分享方式

图 4-11　邮件分享

操作正确的话，大家在对应的电子邮件端会收到如图 4-12 的文字效果。

邮箱推送出来的内容我们可以任意复制，用作他途。通过邮箱传递信息，也可以表达出我们对朋友和恋人的关爱。

图 4-12　邮件分享效果展示

如果说微信分享讲究的是私密性和惊喜,那么微博则最为开放。通过登入微博账号我们就可以将信息轻松传递到我们的微博上了,入口可见图 4-13。

图 4-13　微博分享

微博端的展示效果如图 4-14 所示，我们可以发现，分享出来的内容分为两个部分，第一部分是我们填写的主题和书源，第二部分为书摘的内容。

图 4-14　微博分享效果

通过微博分享我们可以更好地将信息传递给更多人，进行开放的交流。

最后要谈的是微信分享（见图 4-15），其开启方式和其他几样都不同：拿着手机扫一扫就可以对内容进行查看与分享。

图 4-15　微信分享

手机端的视觉效果呈现出两种模式（见图4-16），一种是直接查看内容，另一种是将内容分享出去，是一种非直接的分享。

图4-16 微信分享效果

以上告诉大家的都是设备本身的分享方式，如果你想体验更多的分享方式，还可以试用第7章我将给大家介绍的神器Knotes的分享方式（见图4-17），在微信端分享将给你带来更多的惊喜。

图 4-17　Knotes 分享

## 功能四：截屏

截屏也是比较容易被忽视的一个"神技"。和我们熟悉的手机截屏类似，Kindle 的截屏也特别清晰，它可以用来记录优质的内容,比如图片或者大段落标注等。

我们都知道,读书要有所得,必须要有思考,而思考的最佳验收方式就是输出。不论是书评还是读书笔记,怎样都好,只要是经过你理解的输出,就非常有价值。而截屏所获取的优质内容,就可以作为输出的素材来源,当然也可以作为大家在社交媒体分享优质内容的素材。

截屏的方法很简单,只要记住一个对角线原则就好。大家在"左上右下"或"左下右上"的角落位置同时按住,即可完成截图操作,如图 4-18 所示。

注意事项:① 必须同时按到对角线两边的圆形区域;② 当屏幕闪现一下则代表截屏成功,否则就再试一次。

图 4-18 截屏技巧

结束动作后,你的截屏将会在 Kindle 根目录中以图片的形式(png)出现,如果你想导出它们,只需要将 Kindle 连接电脑,从根目录中将图片拖出即可,图 4-19 为连入电脑时的效果。

图 4-19　Kindle 根目录

为了直观感受区别，我把自己用手机拍摄 Kindle 屏幕的效果与 Kindle 机身截屏效果放在一起对比，具体效果可见图 4-20。

图 4-20　手机拍摄 vs Kindle 截屏

看到这张图后，你大概会惊讶，分辨率真的有这么大差别吗？嗯，就是有这么大。截图功能的重要性由此可见一斑。

## 功能五：笔记导出

我们在阅读的过程中，少不了的就是画线和做记录了，在

Kindle 上的形态就是做标注和笔记。然而，导出 Kindle 标注 / 笔记的形式很多，我们该选哪种呢？根据我的观察，最便捷的方式其实就是利用机身自带功能进行导出。今天就告诉大家这个方法应该如何操作。

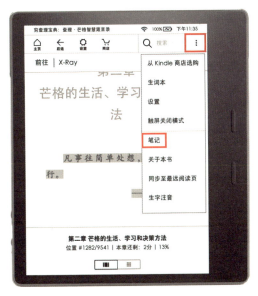

图 4-21　笔记导出

当你看完一本书后，你想快速将书内的标注 / 笔记导入到电脑里去，应该怎么做呢？你只需要遵循以下几步即可：

（1）在阅读页面中选择"右上角的菜单"并选择"笔记"选项（见图 4-21）；

（2）在弹出的新窗口中选择"导出笔记"选项；

（3）在弹出新的窗口中选择"发送"即可完成内容的传递；

（4）你将在你的亚马逊登入邮箱中收到这本书的书摘。

## 功能六：磁盘传书

在生活中，我们偶尔会遇到没有网络的情况，但我们本地存有很多可被 Kindle 识别的文件，这时候你只需要有一根可以把 Kindle 连接到电脑的数据线，就可以将文件传输到 Kindle，我把这个过程称为磁盘传书。

那么，怎么进行磁盘传书呢？其实，步骤非常简单，大家只需遵循下面几个步骤即可完成这个操作：

（1）通过 USB 将你的设备连接到电脑；
（2）当电脑识别了 Kindle 后，将这个名为 Kindle 的磁盘双击打开，你会找到一个名为 Documents 的文件夹；
（3）将目标读物文件（具体支持格式可见第 5 章中的"个人文档服务"的说明）拖拽至 Documents 文件夹中，待传书完毕后，断开 Kindle 和电脑的连接；
（4）打开 Kindle 你就会发现你想要的书已经在里面了，此方法无须联网下载。

必须提醒大家的是，通过磁盘传书进 Kindle 的读物是不能同步到云端的，换句话说，如果你在 Kindle 中删了这本书，你将无法找回，如果要进行相关操作最好提前备份。

## 功能七：固件升级

亚马逊不定期会对 Kindle 进行固件升级，不仅会修复一些系统 bug，还会通过更新系统设置来提升阅读体验，例如近期的固件更新就包括了字体的增加、字号选择的增多、生词提示的优化、漫画体验优化、预览形式优化、自定义字体等。设想一下，如果你没有更新固件，那该错过多少精彩呢？因此，固件升级应该是 Kindle 用户应该十分注意的方面。

那么，如何查看当前已更新的最新固件的情况呢？大家只需要按照以下步骤操作一次即可看到当前固件的情况：[单击右上角菜单] → [设置] → [继续单击右上角] → [设备信息]。具体如图 4-22 所示。

图 4-22 查看最新固件的方式

◉ 固件升级步骤详解

固件升级目前主流方法有两种，第一种叫"静默升级"，第二种叫"手动升级"。

静默升级

"静默升级"适合网速较好、有耐性的读者，Kindle 会给这样的用户进行"后台自动下载固件"的操作，在你下载完毕后还会给你"是否要升级"的提示，进行"确认"后便可快速完成升级的操作。说到这里你一定还会有疑问，那我怎么知道我的设备有没有在进行"静默升级"呢？

这个问题其实是有迹可循的，我的两个 Kindle 在前阵子都进行了静默升级，速度还蛮快，具体的表现就是，当 Kindle 连入电脑后，我们会发现上面多了个文件，文件名为"update.bin.tmp.partial"（见图 4-23），这时候我们就可以确定，该文件就是 Kindle 正在进行固件升级的固件碎片文件了，你只要在磁盘中看到了这个文件你就可以躺着等升级了。

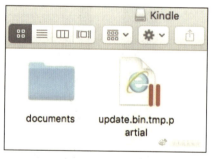

图 4-23　判断你的设备是否在自动升级

相反，如果你长时间都没有看到这样的文件出现在你的 Kindle 根目录的话，请跳过这步，直接用"手动升级"快速搞定升级固件的操作，具体可见我接下来的介绍。

#### 手动升级

手动升级是目前最快速、稳定的升级方式。它的意思就是，我们通过官方或第三方将固件下载到本地，再通过拖拽到 Kindle 根目录并在设备端更新的过程。我会建议大家优先去亚马逊中国官网首页进行下载，当然如果你网速不行、容易断网的话，那么官网就不太合适你了，可以关注我的公众号"拾书小记"（ID：shishuxiaoji）并在后台回复"固件"，你就可以收到最新的 Kindle 固件的网盘版，这就不用担心断线造成下载内容崩溃的情况了。

手动升级的流程分为三步：

（1）登入亚马逊 Kindle 固件下载页（https://www.amazon.cn/gp/help/customer/display.html?nodeId=200529680）或者在我的公众号"拾书小记"（ID：shishuxiaoji）的后台回复"固件"获取最新固件的下载链接并选择匹配自己机型的那个，下载到本地；

（2）将固件文件传输到设备的根目录；

（3）在设备端手动更新。

有些"小白"可能到了最后一步就不懂了，我这边再提供一个更详细的流程：当固件转移到设备并断开连接后，回到 Kindle 的主页面，选择右上角的菜单，按照"[ 设置 ] → [ 设备选项 ] → [ 更新你的 Kindle ]"的步骤操作即可更新，具体效果如图 4-24 所示。

## 功能八：字号拉伸

字号拉伸是个比较隐蔽的功能，作用说大不大，说小不小，就是减少了大家放大或缩小字体的难度，增强了交互体验。那么应该如何操作呢？

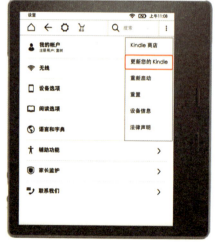

图 4-24 固件升级的机内操作

其实非常简单，只要我们进入了阅读模式，即点击进入某读物的时候，我们可以将两个手指同时放在屏幕中，通过向内或向外的同时位移来完成放大或缩小的操作，具体可见图 4-25 效果展示。

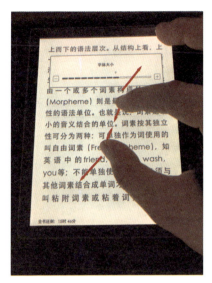

图 4-25　字号拉伸

## 功能九：收藏夹

如果说 Kindle 是一个移动图书馆的话，那么"收藏夹"就可以说是一个个主题书架，它的自定义命名机制可以协助我们把内容管理做得更人性化。

在说如何用"收藏夹"做内容管理前，让我先告诉大家怎么用 Kindle 的收藏夹吧。

总体来说，步骤还是蛮简单的：［右上角菜单］→［新建收藏夹］→［命名］+［选择书目］→［确定］。

具体的流程可见图 4-26。

说完了"收藏夹"的基础用法后，让我们看看如何拿它做内容管理吧。

图 4-26 收藏夹管理

## ⦿ 如何用 Kindle 的收藏夹做内容管理

在现实生活中,我们肯定会遇见下面这样的场景,比如你已下决心这个月看五本书,但你的"拖延症"和"无时间概念"等问题都会让你举步维艰。这时候,我们是可以结合 GTD<sup>㊀</sup>的思维,用 Kindle 的收藏夹来帮助我们解决这个问题的。

怎么做呢?首先,我们把这五本书确定为我们这个月的必读

---

㊀ 全称为 Getting Things Done,是美国时间管理专家戴维·艾伦的理论,即一种管理时间的理论:分为"搜集""处理""组织""检查"和"做"五个方面。详见中信出版社出版的《尽管去做:无压工作的艺术》。

书目；然后，新建一个本月"必读书目"的收藏夹或"某月书单"；至于那些阶段性的重要书籍，你也可以新建一个类似"丑青蛙"⊖的收藏夹，通过"待办事项"的思维来存放这些需要进行长线阅读的书目。

你甚至还可以根据对个人的了解，按照"阅读日期"或"阅读进度"对书进行分类——哪个时间段打算看完什么书，把计划和实践的节奏相匹配，具体操作如图 4-27 所示。

图 4-27　收藏夹之精读与速读、日期分类

---

⊖ 即我们需要首要解决的问题，具体可见机械工业出版社出版的《吃掉那只青蛙》，博恩·崔西著。

关于书单的制订，大家还可以参考第 7 章的"选书篇"进行选书方式的学习。

为了更好地杜绝拖延症，大家在做这些书单"目标规划"的时候要根据个人的能力去做合理的选择，最好有个从易到难的过程。必要的情况下，还可以结合一些 GTD 工具<sup>㊀</sup>来协助养成不拖延读书的好习惯。

必要的时候，大家也可以让一些朋友和自己一起行动，这样做可以让你完成任务的意识更加强大一些。

## 功能十：X-Ray

如何在拿到书后最大限度地了解一本书？亚马逊 Kindle 给了我们除了"目录"外的另一个非常酷炫的新功能，它叫"X-Ray"，还有个中文别名叫"书透"。顾名思义，即通过它就可以鸟瞰一本书的核心内容（高频人物、图片等）。必须要说明的是，X-Ray 并不是每一本书都有，它大概率存在于 Kindle 电子书店所提供的读物中。

那么如何判断一本电子书是否打开了 X-Ray 功能呢？在这里我告诉大家一个技巧，在我们在 z.cn 购书的时候可以在详情页看到相关信息，其中就包括了是否开通 X-Ray。由于 Kindle 上的书，尤其是经典读物拥有多个译本，因此大家在选书的时候也可以把是否拥有 X-Ray 当成一个参考项，具体效果大家可见图 4-28。

---

㊀ 清单、番茄钟等工具，比如笔者正在用的 Be Focused Pro、2Do、印象笔记等。

图 4-28　查看读物是否开通 X-Ray

而有开通 X-Ray 的读物，在首次打开后在"关于本书"⊖的尾部也会显示相关信息，可以说非常直观，而没有 X-Ray 的读物这块就是空白，如图 4-29 所示。

图 4-29　X-Ray 的开启

---

⊖ Kindle 默认开启此功能，如果从未出现过则需要检查该功能是否已被你不小心关闭，具体操作可见第 3 章的"鸟瞰全书"部分。

尽管如此，我还是相信很多读者并不清楚 Kindle 这个功能的具体效用。实际上 X-Ray 是一个非常酷的功能，作为 Kindle 非常用心的一个设计，可用于帮助读者快速浏览复杂读物的核心信息。我们看《百年孤独》《红楼梦》《基督山伯爵》这样的大部头时会常常感慨，这么多人物、这么多细节，应该如何厘清脉络呢？这时候你就可以借助 X-Ray 了——一眼就能直观地了解文中的重要人物、术语以及图片。拿《黑客与画家》为例，在我们点击进入 X-Ray 之后，就会看到高频词等信息，并且还会按照相关性排列，具体可见图 4-30。

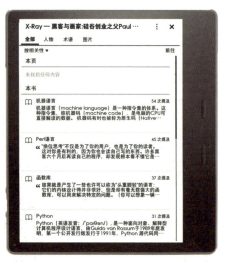

图 4-30　X-Ray 开启

通过了解作者使用相关内容的频度，我们可以更快地了解这本书的核心概念是什么、核心人物是谁，也就更方便有的放矢地去阅读、去学习。

最后，必须再提醒一下各位：并不是所有书都开通了 X-Ray，不过相应地，也不是所有书都需要 X-Ray。

## 功能十一：多端同步

在生活中，我们往往会遇到这样的场景，比如出门的时候忘记带 Kindle 了，但路上太无聊，还是想看书怎么办？这时候我就要给你正式地介绍下一个名为"多端同步"的功能了。

相信大家对亚马逊云是有所耳闻的，事实上，它可能比你想象中的还要更强大一点。那么 Kindle 的多端同步到底是个什么意思呢？

多端同步可以说是 Kindle 的一个基本功能，但可能很多人不太懂如何使用它，所以这里说明下它在实际生活中的应用。

如果你觉得 Kindle 只是一个简单的电子阅读器，那你就太天真啦。亚马逊的 Kindle 产品布局包括了设备端、电脑端以及移动端等多种产品形态，其中设备端为 Kindle 设备，一个用户的账号至多可在 6 个 Kindle 设备上同时登入。

Kindle 电脑端支持目前主流的 Windows 系统和 Mac 系统，而移动端则支持 iOS 和 Android 系统。用户只需要通过账号购买一本书，在每一个客户端的云端都可以下载到本地进行阅读，在联网状态下，还可以利用亚马逊的 Whispersync 技术同步阅读进度。

这样的话，即使忘了带 Kindle，在联网状态下，你也可以通过手机、平板电脑、电脑来跟进上一次在 Kindle 中的阅读进度。

随着 Kindle App 的不断迭代，它也给我们的移动阅读提供了更强大的功能。比如现在通过手机、平板电脑的 Kindle App 阅读甚至都能同步标注、笔记等信息,并且还能实现标注/笔记的导出,甚至通过内部的卡片设计增强阅读后的内容记忆,以便更好地进行创意写作(该部分内容我们将会在第 7 章进行详解)。

## ⦿ Kindle App 的实际体验如何?

如下图所示,我们可以看到,在 App 中看到的 Kindle App 在布局上是比较接近于 Kindle 设备本身的,我们可以调整字号、亮度、对齐方式甚至是背景颜色……还有个亮点,它是彩色的!

当我们选择了其中一本书后就可以直接进入阅读界面,在点击右上角菜单后我们会发现,这个菜单集成了同步、X-Ray、单词卡以及目录等诸多元素(见图 4-31)。

图 4-31　使用界面

是的，上面提到的 X-Ray 已经可以在 Kindle App 中使用了。我们都知道，X-Ray 是 Kindle 的一个亮点所在，它可以把我们需要的重点信息（人物、术语、图片）汇总在一起，让我们可以减少成本去了解作者的写作重点。现在，这个功能也可以在 Kindle App 使用了，真是太棒了。不仅如此，Kindle App 还将 X-Ray 中的排序方式也做了优化，可以说非常人性化了。

说完了 Kindle App 在手机中的界面设计，再让我们谈谈如何导出我们在 Kindle App 上做的标注/笔记吧。

## ⊙ Kindle App 上的标注/笔记导出流程

事实上非常简单，你只要遵循以下步骤就可以完成导出到电脑的操作：

（1）确认你在移动端（iOS/Android）或在 Kindle 上是对读物有过标注/笔记行为的；

（2）在移动端（iOS/Android）打开 Kindle App 应用，并进入阅读页面；

（3）点击页面中央，调出操作界面，选择"文档"图标，调出"我的笔记"，接着再选择"分享"图标，如图 4-32 所示；

（4）在弹出的选项中选择"电子邮件"并在下个页面中选择默认的"无"，接着选择"导出"选项，在弹出的新窗口中填写收件人的具体信息，这个收件人就是你的日常使用的邮箱，填完后直接选择"发送"按钮（见图 4-33）；

（5）在邮件端进行查收并打开即可，你可以对该笔记做任意操作。

图 4-32 iOS 笔记导出：入口

以上就是设备端导出标注/笔记的所有流程，虽然可行，但还是有些烦琐，更好的标注/笔记导出还是需要结合标注神器来完成，具体的内容我会在第 7 章给大家作详细的解读。

亮点就这么多吗？如果只能到这种程度，大家一定不会尽兴，那就继续看下去。从移动阅读的收效来看，输出是验证输入的最好方式。那么，如何更好地输出呢？现在，Kindle App 给了我们答案——卡片输出。

第 4 章　Kindle 有什么好用的自带功能　**075**

图 4-33　iOS 笔记导出：电子邮件方案

## ⦿ 卡片输出

　　接触过 Anki 的读者都知道这是一个记忆神器，它本身是一个独立的 App，基于间隔重复的原理来实现对目标内容的记忆。但是现在，我们也可以通过 Kindle App 来实现一些基础操作了。从我的体验来看，对于初学者而言完全够用了，这就是我即将给大家带来的方法。

　　使用这个功能有个前提，那就是你必须在 Kindle 或者 Kindle App 上做过标注或笔记，基于此，下面的操作才有意义。

　　怎么操作呢？其实很简单，如图 4-34 所示，在进入"阅读页"后，我们可以通过手指轻触中间区域进入"操作页面"，在操作页面中选择"文本"图标进入"我的单词本",即"标注/笔记管理页面",这时候我们再选择"分享"按钮就到了选择"单词卡"的页面了,这时候点击"单词卡"就完成了第一波的操作了。

图 4-34　iOS 笔记导出:单词卡方案

梳理下流程:[阅读页]→[操作页]→[标注管理页]→[分享]→[单词卡]。

在我们第一次使用"单词卡"的时候,是需要建立"卡组"的,而每个新建的"卡组"都是基于我们所选择的那本书建立的,简单来说就是,我们可以在同一本书建立多个卡组,但不能将多本书的内容组合成一个卡组。我们可以根据自己的喜好对卡组命名。

当我们操作完毕之后,就进入了"卡牌页"。

卡牌页有正面和反面，如何理解呢？一般意义来说，正面指的是问题或者是提示，而反面则设置为具体的内容，在 Anki 中这就是一个叫 Basic 的牌组类型。

如果你留下的是一条标注，那么你的卡牌可能只有正面而反面为空白，这时候你可以通过调整内容进行"自我提问"，从而进行知识重构。

如果你导入的内容里有笔记的话，你会发现问题和回答是相反的，这时候你需要单击一个按钮，即"正反面调换"，这个功能可以让你一瞬间完成烦琐的操作。

按照我给你的这个逻辑梳理完了所有的卡片之后，就会得到图 4-35 这样的效果。

图 4-35　Kindle for iOS 的卡牌体验

如果你想得到一个较好的复习效果，那就要保持诚实——按照自己的真实掌握情况选择对与错，直到把需要的知识点都记住为止。

梳理下整个流程：［单词卡］→［新建牌组］→［调整卡片］→［复习］。

图 4-36　Kindle for iOS 的卡牌学习完成效果展示

如果最终你能得到图 4-36 的结果，那么，恭喜你毕业了。

补充：PC 端的 Kindle 经过一段时间的迭代也已经支持上述功能了，相信它在后续也会给我们带来更多的惊喜。

## 功能十二：飞行模式

有一些读者会觉得，Kindle 的电池这么不耐用啊？实际上，这个原因主要与我们自己日常的不良使用习惯有关。

笔者在这里建议大家，除了以下情况，都可以将设备开启为飞行模式，以此来获得更长的待机时间（见图4-37）。

（1）需要进行机内固件自动升级的时候；
（2）购买了新书准备下载到本地的时候；
（3）准备使用体验浏览器的时候；
（4）需要同步数据的时候。

图4-37　飞行模式

## 功能十三：批量删除

屯书病是很多Kindle使用者都有的毛病，具体表现在到处买书或者到处找资源，但因为各种各样的原因都没有看，这种内容积累多了，一方面会给自己造成负担，另一方面也会给设备造成负担。

有什么很好的解决方案吗？在这里我主张一个观念，那就是给你的 Kindle 断舍离吧！

相信很多读者都知道，我们可以登入 z.cn 的后台，通过内容管理来对书籍进行删减的，可这样未免麻烦了些。下面我教大家一个方法，通过设备本身就可以实现快速、精准地批量删除本地或云端的图书，具体方法如下。

首先，我们需要打开设备并按如下操作打开存储管理的操作页：[右上角菜单] → [设备选项] → [高级选项] → [存储管理]（见图 4-38）。

进入了储存管理后我们就会发现两个选择，这两个选择是 Kindle 根据我们的需求提供的批量删除的操作建议。

其中，手动删除的意思是，我们可以根据书目的类别对他们进行批量删除操作。以电子书为例，我们在进入手动删除页面后接着选择电子书，然后会发现我们在 Kindle 上买的书都会出现在这个页面，接着我们可以通过框选我们要删除的读物，选择删除即可完成批量删除的操作（见图 4-39）。

值得注意的是，我们还可以通过翻页来多选删除，从而实现真正的大批量删除的目的。

除了手动删除外，Kindle 还给我们提供了另外一个删除方式，那就是快速存档。快速存档是相对于手动删除的概念，意思就是 Kindle 智能地帮我们按"1 个月""3 个月""6 个月"和"1 年及以上"的时间对我们没打开过的读物进行分类，以此来快速删除被我们长期打入"冷宫"的读物（见图 4-40）。

温馨提示，此功能不能查看具体书目，建议谨慎操作。我还是比较建议大家通过手动删除来完成操作。

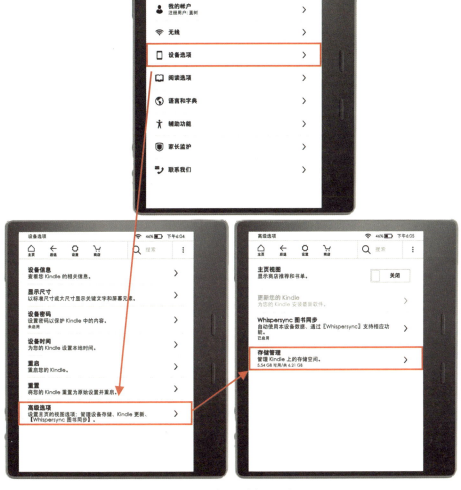

图 4-38 批量删除:开启

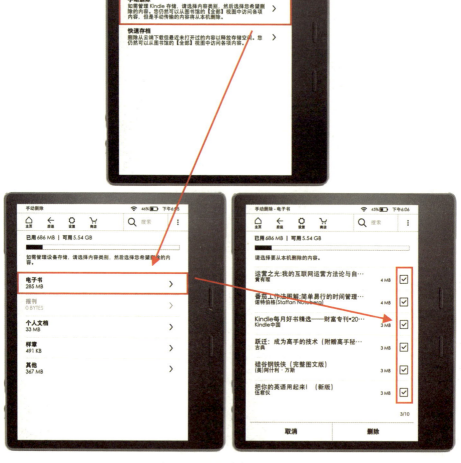

图 4-39 批量删除:手动删除

第 4 章 Kindle 有什么好用的自带功能 **083**

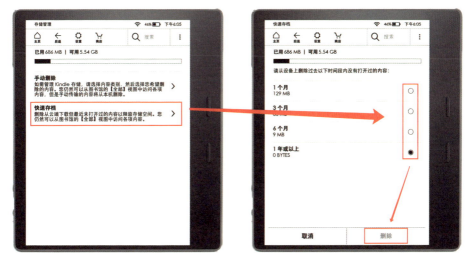

图 4-40 批量删除：快速存档

### 本章小结

以上 13 个功能就是我自己实践过程中经常使用到且被大家频繁提到的功能，相信经过了第 3 章和第 4 章的引导，你已经从 Kindle 入门者开始逐渐向进阶者方向靠拢。

这时候你一定会问，基础功能你都会了，那么该去哪里找书呢？哪里找来的书正版且优质？这些都是我会在第 5 章给大家讲到的内容，而更详细的阅读方法论层面的内容你将在第 7 章中找到。

第 5 章
CHAPTER 5

# 如何找到优质的 Kindle 内容

如何定义优质的 Kindle 阅读源
有哪些优质的 Kindle 阅读源
怎样有效地利用这些资源来读书

除了少部分买 Kindle 来收藏的人外，大部分人买 Kindle 的目标都是一致的，即为了看书。因此很多人在还没买 Kindle 前就在网络上海量屯书，或者买了 Kindle 后就一股脑儿扎进了屯书的海洋，最后只是把 Kindle 当成了图书馆，自己成了图书馆管理员，而不是那个看书的人。

一方面，这部分人并没有学会读书的方法，只是为了满足自己的满足感而去找书，本质上也是一种收藏癖；另一方面，这部分人并不是真的想看书，而是想填满 Kindle，填满自己的硬盘，对外打肿脸充胖子。

不用我说，大家都知道这两种方法都是不可取的。这是一种对自己认知不清的表现，即把自己幻想成一个能把自己搜集的书都看完的人，把自己的库存当成了知识。等你真正想看书的时候，你会发现，书库里并没有你喜欢的书，或者，有遇到喜欢的发现版本又不对路，再或者遇到一些排版等问题更是让你看不下去。凡此种种，都有一个原因：你找书的源头出了毛病。

那么，应该如何解决这个问题呢？我的答案是，用 Kindle 阅读书籍之前，找到优质的阅读源是非常重要的一点。

## 如何定义优质的 Kindle 阅读源

优质的 Kindle 阅读源，顾名思义，即有别于一般的阅读源。我主要把它们分成了三种类别，分别是"官方书源""公版书源"以及"个人文档"。

根据我的理解，优质读物是那些经过个人或专业机构整理排版而成的，可读性较强、阅读体验较好的读物。而这两点主要取决于以下几个因素：

(1）读物排版精良（缺字、漏字现象少）；
(2）读物不存在版权问题；
(3）读物格式为亚马逊 Kindle 最适配的格式（mobi、azw3、kfx 等）；
(4）读物支持 X-Ray、生词提示等功能；
(5）读物提供热门标注、关于本书等参考信息。

而满足以上大多数因素的几乎只有亚马逊自产的电子书，也就是 Kindle 书城里面销售的部分。但也有一些特殊情况，即个人整理、制作精良的优质读物。因此，我们可以对优质读物进行这样的分类。

从大类上，把优质读物分为个人文档以及电子书两类，其中个人文档包括了"自建优质内容""聚合信息"以及"碎片化信息"，而电子书则包括"官方正版书"和"公版书"两部分。

## 有哪些优质的 Kindle 阅读源

这部分说的是无版权风险的电子书，一部分为已过版权期而成了公版书的读物，一部分则是亚马逊官方已购买版权的读物。

### ◉ 官方正版书

这里要说的是 Amazon.cn，当然你也可以通过 z.cn 进行登入。z.cn 是亚马逊中国官网的短域名，目前该网站共拥有 Kindle 电子书 66 万余册，进口原版书超过 30 万册。不同于一般的电子书店，亚马逊 Kindle 电子书店的门类涉及非常广，其中就包括了小说、文学、艺术与摄影、传记、经济管理、心理学、社会科学、宗教哲学、法律等超过 30 个门类。

像这样一个巨大的电子书库，里面的内容设计其实也是非常有门道的，下面我给大家分享些简单技巧。大家在进入 z.cn 后，可以在亚马逊中国官网主页左上方找到 Kindle 电子书店的入口（见图 5-1），单击后即可进入 Kindle 电子书专页。

图 5-1　Kindle 电子书店入口

## ⦿ 包月电子书

Kindle Unlimited（KU）是亚马逊中国 2016 年在国内推出的电子书借阅服务，你可以将其理解为一张线上借书卡。订阅该服务后，你一次最多可借 10 本书，如果还想借新的，则需要先将在借的书还回去。

事实上这个服务在国外早就非常流行了，这次引进国内可以说是国内用户的福音。为什么说是福音呢？首先借书的价格比较便宜，一年总共 100 多元的价格，并且每年都会有几次折扣购买的机会；其次是书目的更新频繁，从刚上线时的 40 000 多本到现在的 120 000 多本，换句话说，Kindle Unlimited 的价值正在不断提升。

随着 KU 书库的不断更新，很多主流作家的作品也都被纳入了进来，包括大家熟悉的冯唐、王小波、纳博科夫等。必须提醒的是，KU 并非可借阅所有 Kindle 电子书店的书，目前 KU 的书目和总书目的比例大概是 1∶5。

那么成了 KU 会员后应该如何找到优质的 Kindle 电子书呢？

我建议大家可以参考 KU 专用页中的推荐栏目去锁定自己需要的读物，比如图 5-2 的"畅销作家""为您推荐"以及"热门分类"等几个选项，可以为大家节约不少时间。

选中喜欢的书后，通过点击进入购买页，在页面右侧点击"免费借阅"即可完成操作。如果你想了解更多关于 KU 的内容或书单之类的东西，可以关注我的公众号"拾书小记"(ID:shishuxiaoji)并在后台回复"KU"，你将收到我写的 KU 攻略。

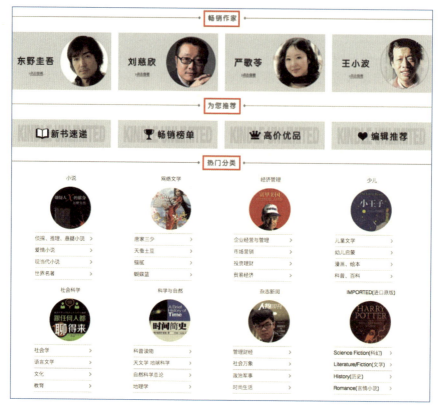

图 5-2　栏目推荐

◎ 免费读物

除了包月和其他付费内容外，Kindle 还提供给了我们不少免费的读物，里面也不乏好书。

大家只需要在进入 Kindle 电子书专页后，在页面的左侧即可找到"免费电子书"字样的导航，直接点击后就可以进入免费电子书的专用页面（见图 5-3）。

值得一提的是，在这部分读物中，就有超过半数的书都是制作精良的公版书，还有很大一部分是英文原版，它们不仅免费而且还有 X-Ray、热门标注等信息，你甚至可以在上面找到《月亮和六便士》《简·爱》等名著的原版读物，可以说是学习英语的读者的一个福利了。

除了公版的外国原著外，"免费读物"中国内的名著作品也不少，比如大

图 5-3　免费电子书

家都非常熟悉的四大名著，比如蔡元培先生的《怎样读书》、王国维先生的《人间词话》以及鲁迅先生的《朝花夕拾》都可以在里面找到。

当然还有很多类似知乎、简书以及 Kindle 自己出的刊物也被收录其中，这里就不一一介绍了。

大家在选定书目后，在右侧的立刻购买上一点，书就推送到你的 Kindle 去了，当然前提是你的亚马逊账号绑定了你的 Kindle。

除了这些外，Kindle 电子书城经常还会做一些图书的促销活动，大家在书城主页面的正中间就可以看到，如果喜欢的书刚好上架，那可要快下手了。

讲完了官方正版书后，让我们谈谈公版书源吧。

## ⊙ 公版书源

总体来讲，公版书的资源其实还是蛮多的，但是大多比较零散，在历史上唯有一个项目将它很好地汇总了起来，它就叫古登堡计划（Project Gutenberg），下面将具体为大家介绍一下。

### 古登堡计划

我在前面就有提过"古登堡计划",它是美国人迈克尔·哈特发起的进入公共领域图书的协作计划,由成百上千的志愿者共同完成,目前共拥有读物超过 56 000 册,提供了多种主流格式(包括 epub、mobi、pdf、txt 等)的下载。如果你对名著、古籍或外文读物感兴趣,你可以在这里找到很多优质的读物。

在我看来,古登堡计划可以作为亚马逊资源的补充,占点便宜,比如如果你要看《爱玛》(*Emma*)的原著,然后发现亚马逊要收费,那么你就可以考虑来古登堡计划下载了,并且你会发现支持的格式还挺多。

大家下载到匹配 Kindle 格式的读物后,即可通过"磁盘传书"将读物上传到 Kindle 中,如果不是直接匹配的格式(如 pdf),你也可以通过"邮箱传书"来达到你的目的,这两种方法我都会在下面的内容以及第 7 章中具体谈到。

## 怎样有效地利用这些资源来读书

### ◉ 列好你的读书计划

外面的世界很浮躁,如果你没有静下心来,是很难真正去读书的,这样的内心会让你陷入一个不断屯书却不去看的恶性循环。

如何解决呢?一个好的读书计划是重要的,它应当立足于你的自身需求,在制订读书计划的时候,你可以参考豆瓣的豆列、书评,争取一次性把今年的读书计划一股脑儿列出来。需要注意的是,这种罗列并非喜欢什么就写什么,而是基于你的目的去搭建,当然你也需要搭配一些放松的读物来调剂一下,别把自己弄得太紧绷，反而影响效果。

因此，我的建议就是静下心来、遵循内心，根据自己的需求和情况去列年度阅读计划，并严格执行。

## ◉ 找到你想读的书

我建议订阅一个 KU 包月服务，而 Kindle 书库里非 KU 的付费电子书以及古登堡计划则作为你书单的补充。因此，你需要做的就是：

（1）在亚马逊的 Kindle Unlimited 页面中寻找你要看的书，并完成借阅；
（2）同时在 Kindle 电子书库和古登堡计划中寻找剩余的读物，选择比较适合自己的那个进行购买或下载（在格式的选择上，我有个原则大家可以参考一下：两种来源皆有的书，优先选择 Kindle 电子书库的，因为更省事，体验也更好）；
（3）如果有没找到的书，就购买纸质书或寻找可替代的读物，甚至可以在网络上直接了解、学习。

按照这个思路去找书、看书，你再也不用担心自己有"书荒"之类的问题了，尽情享受沉浸式阅读的快乐吧。

以上就讲完了电子书的部分，下面再给大家谈谈个人文档的部分，这部分说的内容都非常实用。

## ⦿ 个人文档

很多读者或许会对个"人文档服务"这个名词比较陌生，但如果我说"邮箱传书"你们就比较清楚了，其实就是一个概念。它对于 Kindle 的作用可以说是贯穿其核心使用环节。通过个人文档服务，我们可以实现内容的一对多甚至多对一的传输。通过这个服务，我们可以将一些平时我们自己制作的，或者在第三方平台看到的优质内容传送到 Kindle 进行即时阅读。

目前主流的电子书格式包括 mobi、epub、pdf、azw3、txt 等，其中 mobi、azw3 和 kfx 为亚马逊 Kindle 的专用格式，换句话说，在 Kindle 看这些格式的体验就是最好的。利用亚马逊的个人文档服务，你可以将一般格式转化为 Kindle 的自有格式，从而获得在设备端的最佳阅读体验。

如何利用个人文档进行内容传输呢？

为了方便大家理解，根据内容来源的不同，我们可以把它们具体分为自建读物、聚合信息和碎片化信息三类，下面我将逐个为大家介绍。

## ⦿ 自建读物

自建读物可以理解为由个人制作或通过第三方来定制的优质内容，根据大家需求程度以及操作烦琐程度，我把它分为两个级别，分别为"基础用法"和"高阶用法"。

"基础用法"即邮箱传书的最基础的应用，即传送那些排版本身精良、格式又十分匹配的内容。必须提及的是，对于有些格式直接推送的效果并不是太好，因此就需要做一点"小动作"来达到体验最佳化；"高阶用法"是针对的是内容视觉体验要求比较高的读者。我会通过介绍图书整理神器 Calibre 来教大家如何对读物进行编辑以及对 Kindle 进行推送。

下面，我将分点为大家具体说明如何操作。

### 基础用法：如何搞定一般性读物

对于一些经过大家优化的、排版本身比较精良的读物，我会比较推荐"个人文档"的基础用法操作，即"邮箱传书"本身，鉴于大家可能都不太清楚如何操作，我将给各位做一个演示操作。

例如，最近笔者在整理博弈论的概念以及相关的延伸概念，于是通过维基百科对它们进行了梳理，并通过邮箱传书的形式将这些内容很好地传输到了 Kindle，并进行了内容的整理。我是怎么做到的呢？

我给大家还原一下过程：

（1）梳理内容。将内容进行梳理，并自行做好简单的排版操作。该部分内容可在印象笔记或者其他云笔记中排版，也可以直接在 Word 中排版，如图 5-4 所示。

（2）转移内容。如果你是在印象笔记排版的话，则需要将内容转换成 Kindle 所能识别且能保持排版状态的格式，目前最佳的方式就是使 Office 的 Word 了。将内容进行"复制""粘贴"，然后进行简单的排版就可以得到图 5-5 的效果，操作完毕后记得及时对内容进行保存。如果你是在 Word 中操作的话，则可忽略此步骤。

（3）找到亚马逊收件邮箱。这个邮箱非常重要，就是大家使用邮件传书的必需品。如何找到呢？有两个方法，方法一就是登入亚马逊官网并在内容管理页面找到。而另外一个方法则更为简单，拿出你的 Kindle，进入主界面后进行如下操作：［点击右上角菜单］→［设置］→［我的账户］。如图 5-6 所示，最下方的就是你的 Kindle 收件地址，你可以进行记录并准备进入下一个操作。

图 5-4　自建读物的内容建立

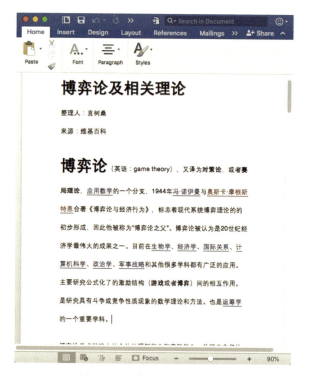

图 5-5　自建读物的排版优化

图 5-6　Kindle 端的收取地址获取

（4）在亚马逊后台添加信任发件邮箱。发件邮箱是你发送读物的源头，你必须在亚马逊后台将它加入"信任"，设备端的收件邮箱才会对它进行接收。那么如何对发件邮箱添加信任呢？过程也非常简单，只需遵循以下步骤即可：[登入 z.cn]→[全部商品分类]→[管理我的内容和设备]→[设置]→[个人文档设置]→[添加认可的电子邮箱]。在这里添加你将使用的发件邮箱即可。

（5）通过发件邮箱给 Kindle 发送读物。以上的操作全部完成后，我们就做好了最基础的铺垫了。下面只需要对读物进行推送即可完成操作，登入发件邮箱所在的应用端或者网页端，设置亚马逊收件邮箱为"收件人"，将已完成的读物 word 文件放入附件，点击"推送"即可完成整个操作。

（6）完成。在推送结束后，正常情况下你在几分钟内就可以收到你发送的读物了，具体可见图 5-7，图 5-7b 为打开后的视觉效果。

a)            b)

图 5-7  自建读物在 Kindle 中的呈现效果

当然，以上的方法对内容是有限制的，即只针对排版精良的自制读物，即像用 word 格式的读物。而如果是 pdf 的格式就会比较特殊了，下面我将具体给大家说明 pdf 格式的操作。

### 如果是 pdf 格式的话，应该如何操作

在日常生活中，我们接触 pdf 格式的概率也会非常高，不论是领导的文件、老师的作业，还是我们的论文，为了保持格式的一致性，我们往往都会生成 pdf 格式的文件。

那么这里就会出现一个问题，在一般模式中直接发送 pdf 到 Kindle 的话，在体验上会比较差，即你看到的是一张图片，不能标注，因此失去了很强的体验价值。那么应该如何操作呢？Kindle 个人文档服务给大家准备了一项特殊服务，叫 convert。通过 convert 服务，我们可以把文件进行编码转化，从而最终可形成亚马逊专用的格式，给大家最佳的阅读体验。

必须提一下的是，这种服务对内容的要求还是比较高的，如果是 pdf 的话，它的形态必须是文字版的，不能是完全扫描版的，如果是扫描版的话你将可能收获不到你想要的效果。

那么，扫描版的 pdf 应该怎么看呢？方案一是你可以搜索一些截图工具，把 pdf 切割成 6 英寸或 7 英寸来适配你的机器，或者为了最佳体验，直接拿平板电脑来阅读。

除了这些外，如果你是一个完美主义的读者，对排版有着较为深度的需求，或者对图书管理也比较上心的话，那么你会非常满意下面我推荐的神器和方法，它或许能让你实现自己的电子书制作人的梦想。

## ◉ 高阶用法：如何做一个 Kindle 电子书制作人

在谈制作、管理电子书之前，我会先介绍这款能帮我们快速完成电子书制作的神器，它叫 Calibre。

### 走进电子书管理神器 Calibre

说制书，显然是小瞧了它。事实上，Calibre 是一款电子图书管理软件，其提供的"一站式"的电子书解决方案，可以全面满足对电子书的需求，甚至我们可以利用它构建属于自己的私人电子图书馆。Calibre 的功能多种多样，不仅可以用它对图书进行格式转换、归类整理电子书，还可以将文本图像材料、在线内容（RSS）加入并转换为电子书。

更重要的是 Calibre 是免费的、开源的，拥有跨平台的设计，可在 Linux、macOS 和 Windows 等操作系统中运行，堪称电子书管理神器！哪里下载？搜索引擎一搜就出来了，选择合适的系统即可开启新的世界。

那么，如何用 Calibre 来制作电子书呢？你可别指望它能给你自动制作内容，所以用 Calibre 制作电子书的前提是：你有"材料包"，即准备好的文字素材。而 Calibre 的作用就是把这些文字素材进行加工、制作最后再帮你送到"嘴里"（Kindle）。

那么，应该如何完成这个过程呢？大致你需要以下几步：

（1）安装 Calibre 最新版。还没下载的读者可以到这里下载：https://calibre-ebook.com/download。根据自己的电脑系统选择适配的版本进行下载并安装即可。

（2）打开 Calibre 并将材料包导入。打开 Calibre 后，选择左上角的添加书籍选项，在下拉菜单中选择"从单个目录添加书籍"，选中目标的"材料包"然后完成导入动作（见图 5-8）。

图 5-8　添加书籍

（3）编辑基本数据。在导入材料包后，我们就需要对这个材料包进行元数据处理了，虽然说是元数据处理，其实就是对它作为一本书的形态进行身份认证，具体操作如图 5-9 所示：选中目标材料包点击右键，并在下拉列表中选中"编辑元数据"再往右选择"逐个修改元数据"，接着就进入了元数据编辑页。

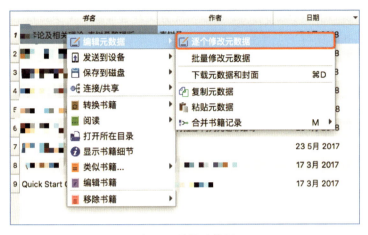

图 5-9　编辑元数据

在元数据页面中比较重点的信息就是"书名"和"作者名"，这是需要写在封面上的内容，因此大家还是要注意的（见图 5-10）。

添加完这两块基础信息后就可以在下方的更换封面中选择自己喜欢的样式进行书皮的生成，全部操作完毕后还可以对书籍进行"评级"等操作，完成后便可在右下角点击"确定"完成这部分的操作。

（4）排版。做完封面后就到了"材料包加工"的环节，这是本次图书制作的高潮阶段，我们需要在这个阶段中对材料包进行"机型定位""分段"等排版细节处理。

如何进入"加工页面"呢？大家只需要用鼠标右键单击目标文件，选中"转换书籍"，接着选择"逐个转换"即可进入"加工页面"（见图 5-11）。

加工页面的选项非常多，但我们只需要重点设置几块即可，第一个是右边的格式，如果想在 Kindle 看，同时还想通过邮箱推送的话，我建议最佳的输出格式为 mobi。在页面设置这边，我建议大家选择适配的机型,而输入配置文件选择默认(Default Input Profile)即可(见图 5-12)。

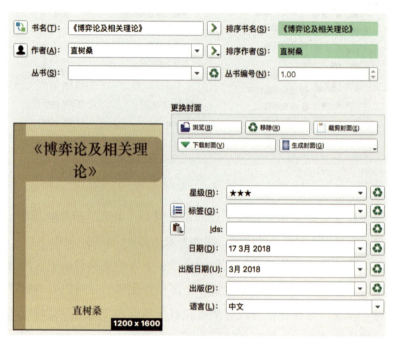

图 5-10　设置元数据

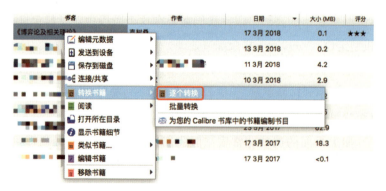

图 5-11　转换格式

图 5-12　页面设置

除了页面设置外，还有一个重点就是"界面外观"。虽然说是界面外观，其实就是排版，具体我们需要重点设置的其实也就是"行高"和"空行"的情况了。在行高方面，我建议选择 140%，不多不少（见图 5-13）。

而"布局"这块，我建议把"删除段间空行"和"在段落中插入空白行"都选上，对应"数值"选择 2.0em 和 1.0em，当然大家可以根据自己的习惯进行自定义设置（见图 5-14）。

以上步骤都操作完之后点击"确认"就开始了加工的操作，大概几十秒后，文件就转化完毕。那么，转化完就完事了吗？

其实不然，还有一个把内容放到"嘴里"（Kindle）的过程——Calibre 一体化操作。

（5）推送到 Kindle。在推送到 Kindle 前，我们先需要将目标 Kindle 收件箱添加到 Calibre 的邮箱发送系统，接着在确保发送邮箱已经被添加到 Kindle 的后台信任后，开始发送测试邮件，如果邮件可以正常收到的话，就可以进入最后一步的推送操作了（见图 5-15）。

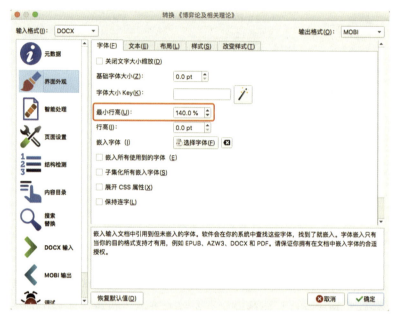

图 5-13　界面外观：字体

图 5-14　界面外观：布局

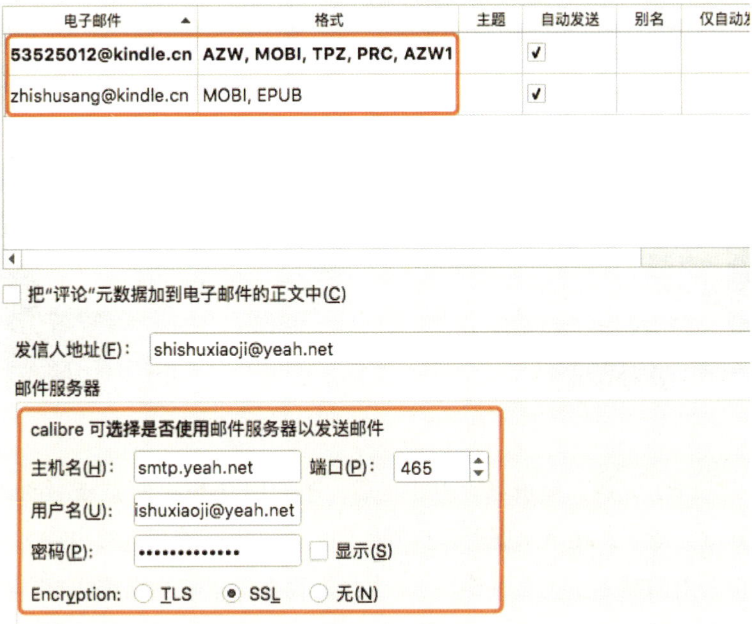

图 5-15 邮件分享

需要注意的是，不少读者在操作这步的时候会遇到一个密码不对的问题，这里主要的问题是密码问题，很多人设置了"独立密码"，若设置了独立密码，在第三方登入的时候都是要使用的，所以登入的时候大家使用独立密码就不会错了。对应的"主机名""端口"这些数值都是在邮箱后台可以看到的，只要填对就不会有问题。

测试完成后就可以开始进行最后一步推送操作了，我们只需要选中目标文件，接着单击右键选择"发送邮件至"，并选择目标 Kindle 的收件邮箱即可开始推送操作（见图 5-16）。

在操作完成后，我们可以点击确认传书情况，确保无误后即可在 Kindle 端中等待新书的降临。

图 5-16　发送邮件至 Kindle 邮箱

（6）完成。完成以上五步之后，咱们用 Calibre 打造新书的计划就完成了，接下来就可以打开你们的 Kindle，然后连接 Wi-Fi 等待新书的载入了（见图 5-17）。当你把我直接用邮箱推送的内容和现在排版后的做一个对比（见图 5-18），你就会发现，Calibre 真的很强大！

图 5-17　读物发送完成状态

Calibre 的功能还有很多，我所展示的也只是冰山一角，如果大家时间充裕也可以自行探索一下。

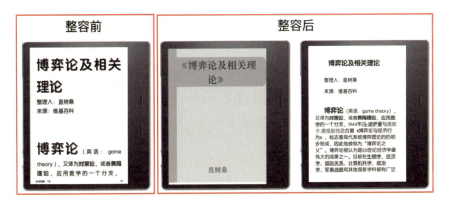

图 5-18　Kindle 读物优化前后效果对比图

以上就把个人文档的各种用法都介绍了一遍了，结束了吗？

其实还不止，个人文档作为亚马逊 Kindle 的非常强大的功能，它不限于创造书，还可以广泛应用于聚合信息的阅读以及碎片化内容的阅读，下面我将分别给大家说明。

## ⊙ 聚合信息（RSS）

RSS（简易信息聚合）是一种消息来源格式规范，用以聚合经常发布更新数据的网站信息，例如博客文章、新闻、音频或视频的网摘。RSS 文件（或称作摘要、网络摘要，或频更新）包含全文或节录的文字，再加上发布者所订阅的网摘数据和授权的元数据。

以上是维基百科对 RSS 的定义。用人话来说就是，通过 RSS 我们可以把很多网络上的优质内容有选择性地聚合起来集中阅读。妥善利用 RSS，我们对一些时效性很强的信息就能拥有最快速的把控能力，而不需要通过一个一个 App、网页去登入查阅。

那么，我们应该如何通过 Kindle 查阅 RSS 聚合的优质内容？其实这里就包括两个步骤，步骤一就是找到优质的 RSS 内容，步骤二才是将这些资源通过个人文档（邮箱传书）的原理同步到 Kindle 上。

而我们本次操作需要用到的工具有两个，其中一个是我认为最好的 RSS 资源库——Inoreader，另外一个是我觉得最棒的 RSS 同步工具，它叫 Reabble。那么如何将它们最好地结合在一起呢？可以看我下面的操作步骤。

### 步骤一：注册 Inoreader

Inoreader 是我认为目前这么多 RSS 聚合工具中给我体验最好的一个。它不仅搜索信息源方便，目录归类和快捷键的设计也非常人性化。

当然，今天之所以会谈到 Inoreader，是因为它和 RSS 同步神器 Reabble 是可以完美打通的。只要你有 Inoreader 账号，就可以直接通过 Reabble 将你订阅的 RSS 同步到 Kindle 上。

如何注册 Inoreader 并使用呢？注册 Inoreader 只需遵循三步走的原则：

首先，你要登入 Inoreader 的官网（Inoreader.com）；其次，选择注册并登入；最后，在搜索栏中搜索你想要的订阅源。选择订阅源建议遵循三个原则，即订阅数相对较高、更新较频繁、内容质量较高。

为了让刚接触 RSS 订阅源的朋友不会不知所措，我根据类目做了精选，挑选出了十几个我觉得质量相对较高的订阅源分享给大家。另外，如果你还想增加新的订阅源的话，我建议你遵循以下几个标准：订阅源是否经常更新；订阅源的内容是否优质；订阅源的观点是否独特。基于以上几个标准，建议大家也定期根据需求来更新自己的订阅源。

下面我将通过科技、搞笑、阅读、生活以及外文等几大方面进行优质订阅源归类,以下排名,不分先后。

(1)科技类:少数派、cnBeta.com。
(2)新知/搞笑类:煎蛋、喷嚏网。
(3)阅读类:左岸读书、豆瓣最受欢迎的书评、知乎每日精选。
(4)生活类:Lifehacker、理想生活实验室、胶片的味道。
(5)外文类:The New Yorker、The Economist;BBC News。

如何找到笔者给大家推荐的订阅源呢?

大家在登入 Inoreader 后,在顶部会看到一个搜索栏,在搜索栏上直接键入上方我给大家推荐的对应订阅源的名称就能搜索到,然后进入订阅界面后点击订阅即可。

### 步骤二:通过 Reabble 阅读已订阅 RSS

做好了基础的内容储备后,我们应该如何让这些资源在 Kindle 中呈现呢?这里就要用到一个 RSS 同步神器了,它叫 Reabble。Kindle 能很好地支持 Reabble 的功能,我们只需要利用 Kindle 的内置浏览器功能登入 Reabble 的官网并登入我们的 Inoreader 账户即可实现内容的同步与阅读了。

具体如何操作呢?

(1)打开 Kindle 并连接 Wi-Fi;
(2)点击右上角的入口按钮并选择下拉菜单中的体验版网页浏览器;

（3）在弹出的浏览器的地址栏中键入 reabble.com；

（4）用 Inoreader 的账号和密码登入；

（5）尽情享受阅读的快乐吧。

具体操作可看图 5-19。

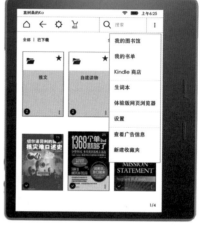
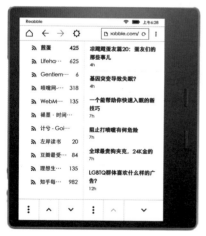

图 5-19　推荐 Kindle RSS 源汇总

看完了 RSS 的操作后，让我们进入本章的最后一部分的整合信息。

◉ **整合信息**

整合信息是啥意思？在我们日常生活中经常会遇到一些好的内容，但没时间看，咋办？一方面我们想最优化时间的利用率，另外一方面我们也想让眼部有最好的体验。那么，最好的解决方案就是通过一些手段来整合信息，而本节就会告诉大家，如何利用它们来帮你整合这些信息。在这节中，我会告诉大家亚马逊 Kindle 自带的"Send to Kindle"功能应该如何用来搜集微信文章，还会告诉大家如何利用推送神器"收趣"来帮我们搞定主流站点的内容搜集与推送。

### Send to Kindle

相信大多数读者平时都会在微信上看文章，也总会遇到一些不错的内容。对于那些有价值的内容，你想晚点读甚至晚点在 Kindle 上读，是否可以做到呢？答案是肯定的，借助 Send to Kindle（STK）我们就能很方便地做到。

Send to Kindle 是亚马逊中国为国内用户定制的信息推送服务，使用方法很简单：

（1）关注亚马逊的服务号（微信号：cn_kindle）；
（2）绑定你的收件邮箱（×××@kindle.cn）；
（3）选中你喜欢的内容并推送到 Kindle。

举个例子，我今天看到一个公众号的文章非常棒，但现在没时间看而且在外面,我应该怎么做才能让我阅读这篇文章的体验达到最佳呢?

首先,确保你绑定了亚马逊服务号,接着选中菜单栏中的 Send to Kindle,如图 5-20 所示。

图 5-20　Send to Kindle 步骤一

其次,将你的账号绑定上去。什么账号?就是你在亚马逊的收件账号(×××@kindle.cn)。其实该功能依据的原理依旧是"邮箱传书",大家只需要把 STK 服务给你的发件邮箱添加到亚马逊后台的"内容管理"中的"可信任邮箱"中去,就完成了这部分的操作。

绑定完邮箱后,就可以开始推送内容了。回到我们想推送的那篇推文的页面中,然后点击右上角菜单,在弹出的窗口中选择 Kindle 的标记,接着这篇推文就会火速飞往你的 Kindle(见图 5-21)。当然你要确保自己在联网状态下,它才会下载下来。

图 5-21　Send to Kindle 步骤二

当内容传输到 Kindle 后,我们就会得到图 5-22 展示的效果。

图 5-22 推送后的效果（以 KO2 为例）

值得一提的是，STK 的使用内容还不仅限于推文本身，就连图片、文字也都支持，具体内容大家也可以好好尝试一下，具体可见图 5-23。

图 5-23 Send to Kindle 步骤三

虽然 Send to Kindle 很好用，但该功能只能用于微信公众号，有没有什么在主流内容平台都支持的方法呢？有的，下面我将把一个 Kindle"收集 – 推送"神器介绍给大家。

### 稍后读

说起"稍后读"，就不得不提到 Pocket、Instapaper 这些知名的稍后读工具。在国内，"收趣"则是一款将稍后读本土化并做出特色的产品。我们可以把想看的内容，包括微信、知乎、简书等平台在内的信息，发送至收趣中进行整理，并推送到 Kindle 中进行深度阅读。

那么收趣是如何做到这一点的呢？事实上收趣的工作方式也是基于个人文档的，即邮箱传书。通过将收趣提供的发件邮箱添加到亚马逊后台的已信任邮箱，接着把搜集到收趣的内容推送到 Kindle 即可，非常方便。

原理介绍完了，下面给大家介绍一下实操的步骤：

（1）在应用市场中下载收趣 App，目前收趣可以在主流系统的应用市场中下载，十分方便。

（2）下载后进行注册并将 Kindle 的收件邮箱和收趣账户进行配置（见图 5-24）。

Kindle 同步配置步骤：[登入收趣 App]→[右上角设置图标]→[Kindle 同步]。

（3）将收趣提供的发件邮箱添加到亚马逊后台可信任邮箱。

在第二步中，我们得到了收趣提供的发件邮箱，和邮箱传书同理，我们只需要将这个邮箱添加到我们已信任的邮箱列表即可。

（4）通过各大平台（微信、微博、知乎、今日头条等）将需要看的内容搜集到收趣。

图 5-24 在收趣中绑定 Kindle 账户

在收趣中，各个平台都有其适配的收集方式，大家只需要遵循以下几个步骤就可以看到各个平台的搜集教程：[登入收趣App]→[我]→[帮助/客服]→[使用帮助]→[选择你想要收集的平台]（见图 5-25）。

图 5-25　收趣的内容搜集方式

(5)将收趣搜集的内容推送到 Kindle 上阅读。

当内容搜集到收趣后,我们可以随时打开并将其推送到我们已经绑定了的 Kindle 上。如图 5-26 所示,我们遇到想放在 Kindle 上阅读的内容后,可以点击页面下方的"分享"按钮并在弹出的选择项目中选择 Kindle 即可完成内容的推送操作。

图 5-26　收趣推送内容到 Kindle

完成了以上操作后,将 Kindle 连入 Wi-Fi,这时候你就会发现自己刚刚发送的内容已经到达你的 Kindle 里了,点击目标项即可直接阅读，具体如图 5-27 所示。

图 5-27　Kindle 上呈现收趣内容的效果

## 本章小结

在本节中，我们先是从底层概念出发，了解了优质电子书的含义以及主要分类，即包括电子书和个人文档这两大类。通过细分类目下的内容及使用方式让大家清楚每一步应该如何操作，让大家以后用 Kindle 读书不用再被内容困住，减少寻找图书资源的时间，做一个不怕没好书读的人。

到这一步，我们对 Kindle 的基本功能和对读物的来源都已经了然于胸了。下一章我们将对 Kindle 读书的流程进行一下梳理，帮助大家更好地用 Kindle 读书，相信通过接下来的学习，你可以把 Kindle 变成一个真正的读书工具。

第 6 章
CHAPTER 6

# 如何利用 Kindle 学外语

为什么用 Kindle 学英语
用 Kindle 学英语前的准备
用 Kindle 学习英语的方法
记忆神器——暗记（Anki）

很多人学英语要么机械地背单词，要么通过中文字幕看美剧，这样做的效果一般都不会太理想。我在进行长期实践后发现，"看原著"是一个能结合两者好处又避开两者弊端的好方法。

为什么这么说？

一方面，我们在阅读原著的过程中直接看英文本身，对于内容的理解、还原语境都有更多帮助；另一方面，在阅读的过程中遇到生词我们一般会查词典，查询这些有上下文语境的词，可以加深我们对单词的记忆，再结合实际的应用场景，相对更容易加深对单词和原著书本内容的理解。

如果我们长期有意识地培养这个技巧，英语能力的提升效率一定会比单纯背单词、看美剧要强。

## 为什么用 Kindle 学英语

我们都知道，看英文原著主要有两个方式，一个是纸质书，另一个就是电子书。后者主要还需要通过阅读设备来阅读，而最佳的设备选择不是手机也不是电脑，而是 Kindle。

在说 Kindle 前，我们先了解下纸质原著读英文的情况。

### ◉ 纸质书学英语的窘境

在我们身边永远会有一群在学习英语的人，她们通过美剧学英文或者通过原著学英文。这些的确都是非常不错的英语学习方案，但是否用对方法对我们而言才比较重要。

如果你仔细观察，你会发现他们大都拿着一部超级厚重的牛津大辞典认真且缓慢地查词、记录，或者是通过第三方 App 查询，这些方式其实都不赖，但都或多或少存在以下几种情形：

(1) 纸质 + 纸质辞典。

原版纸质书在阅读体验上无可厚非，但当你抱着一本厚重的牛津大辞典查询的时候，你将承受不小的压力。比如你遇到一个单词不会，你会花几分钟查询并做笔记，做完之后可能很久都不会看那本书，然后笔记也就和书一起被尘封了。

当然还有一种情况是，你把这些"笔记"和"生词"都记录了下来并进行背诵，但一个单词往往有很多意思，在不同语境里也可能会有不同的意思，长期这样去理解一个单词会让我们对单词本身的含义陷入非常单一的认知，长此以往未必是好事。

(2) 纸质 + 手机 /PC 查词。

有时候我们会用手机或者电脑去查词的释义，这么做的确是一个不错的查词方式，尤其是像 EuDic（欧陆词典）这样的词典工具，可以很好地配合我们复习英语，并且得到了目前所有主流平台的支持，让我们可以更便捷地学习单词（见图 6-1）。

但它同样有着缺乏语境的问题，我们如果脱离了书就没办法结合具体语境去认识这个单词的具体意思，这在一定程度上也降低了我们阅读原著的作用。

说完了纸质书的问题，让我们再来谈谈 Kindle 学英语的好处。

## ⊙ 用 Kindle 学英语的好处

(1) 丰富的英语原著资源。

Kindle 书店拥有非常庞大的英文原著资源，仅在亚马逊中国就有超过 27 万本（截至 2018 年 1 月），其中有近万本公版书，即使是付费的电子书也大多会比对应的纸质书便宜很多。

### (2)Kindle 设备自身的优势。

Kindle 设备自身拥有词典查阅、生词本的功能,极大地方便了在阅读原著书的同时查词。除此之外,便携的硬件和护眼设计都让它有着一般电子设备和纸质书难以比拟的优势。

图 6-1　EuDic 的使用界面

在建立了 Kindle 是学习英语的好工具的共识下,我为大家介绍下本章的核心内容。在本章中,我会为大家介绍如何搭建最好的"原版书阅读环境",详解如何利用"透析法"来用 Kindle 看英文原著,如何利用 Kindle 自带的"生词本"功能学习英语。同时,我还会为你介绍一些更为深度的用法,比如利用和 Kindle 联动的第三方软件工具来有效地构建一套围绕 Kindle 从生词收集到加工整理,再到后续记忆、回顾的完整学习流程。

通过记忆神器 Anki 的"间隔重复设计"搭配合适的工具和插件可以将 Kindle 在学习外语的潜力最大化。选择最适合自己的搭配并熟练运用后,我们可以更好地利用日常碎片化的时间去复习所学的内容,通过反复地记忆与思考,把它们真正留在我们的大脑中。在这个过程中,我们还会通过反复回顾书本来巩固对没掌握的内容的记忆,达到语言学习和读物理解的有效循环。

## 用 Kindle 学英语前的准备

"工欲善其事,必先利其器。"

在学好英语前,我们最好提前准备好优质工具。然而,准备好了 Kindle 就够了吗?如果你真正去实践后,你会发现自己少了样东西,那就是适合自己的词典。

合适的词典是匹配自己英语能力的阶段性工具,根据大家的自身情况可以选用以下两种词典,它们分别是《现代英汉词典》(*A Modern English-Chinese Dictionary*)和《牛津英英词典》。

### ⊙ 现代英汉词典

对于英语基础还不够扎实的或者词汇量过低的读者,我会建议你先配个《现代英汉词典》,这个词典是 Kindle 自带的,而且正常情况下是默认选择的。《现代英汉词典》提供了"中文释义""音标"以及"词性",对于入门者而言可以说非常够用了(见图 6-2)。

### ⊙ 牛津英英词典

然而,如果你有一点基础,想要更加深度地学习英语呢?

这时候我会建议你把进阶的词典——《牛津英英词典》(*The New Oxford American Dictionary*)也下载下来,然后使用《牛津英英词典》来辅助学习。当然,我会建议有一定基础的读者尝试使用《牛津英英词典》,实在不懂的情况下再切换为《现代英汉词典》来补充学习(见图 6-3)。

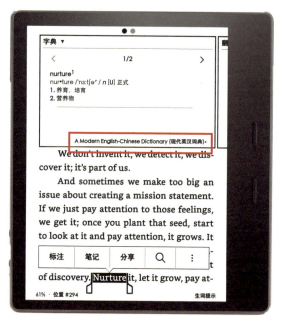

图 6-2　Kindle 中使用英汉词典的查词效果

认真观察的话,你会发现,在 Kindle 的原生词典库中并没有预装《牛津英英词典》,那么怎样才能免费获得正版的《牛津英英词典》呢?经过我的实践,大家可以通过"语言切换"来获得《牛津英英词典》,甚至获得更多其他国家的小语种词典(根据需要)。

基于这样的思路,我们就可以了解到:下载正版且免费的《牛

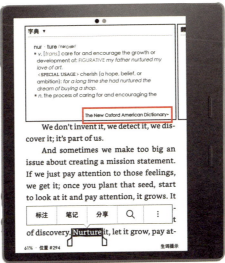
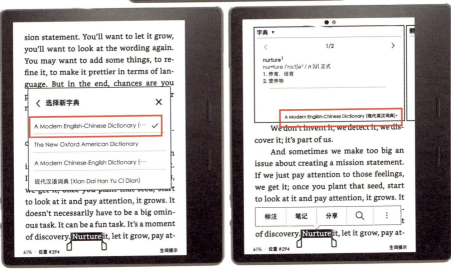

图 6-3　在 Kindle 中切换词典为英汉词典的过程

津英英词典》并不是一个很复杂的过程。你只需要遵循以下几个步骤：

（1）打开 Wi-Fi 并确认连接，这是为系统下载提供网络环境支持。

（2）切换系统语言，Kindle 会根据系统语言的变化自动下载对应目标语言的词典，当然必须是在它的支持范围内（并非所有小语种都可以找到词典，比如目前俄语就没有开放）。切换系统语言的步骤如下：［首页菜单］→［设置］→［语言和词典］→［语言］→［English ( United States )］→［确定］。

切换完毕之后 Kindle 就会进入一个重启的过程，重启完毕之后你就会发现一本"热腾腾"的《牛津英英词典》正在下载中，下载完毕之后就可以使用了。

（3）变更英语词典的默认选项。如何使用？在使用前我们还需要做最后一个动作——将默认英语词典设置为已下载完的《牛津英英词典》。具体步骤如下：［菜单］→［Settings］→［Language and Dictionaries］→［Dictionaries］→［English］→［The New Oxford American Dictionary］→［OK］（见图 6-4）。

完成了上述操作后，我们就可以进行单词的学习和查词操作了。如果你在学习过程中发现自己对纯英语的系统还不太适应，还可以随时通过刚刚的办法切换回原语言。当然，已下载的词典如果不是你主动删除是不会消失的。

讲完了如何下载《牛津英英词典》以及系统语言设置之后，让我们来谈谈学习英语的方法吧。

图 6-4　在 Kindle 中切换词典为牛津词典

## 用 Kindle 学习英语的方法

　　Kindle 是一个包容多语言的神器,因此,语言这部分的功能其实一直都存在,只是并不被人所熟知。我们一方面可以通过设备本身自带的功能直接在 Kindle 端进行单词的记忆;另一方面可以通过学习英语的原理使用深度技巧进行学习。下面,我将分点为大家解读。

### ⊙ 机内法

　　机内法,顾名思义就是在 Kindle 设备中完成"复习单词"操作的方法。

如图 6-5 所示，当我们进入"生词本"后，会看到有"单词"和"电子书"两个选项。其中"单词"是按字母表顺序排列所有生词，"电子书"则是按书名顺序来排列。

下面我以按"单词"排序为例来说明。

如上图所示，当我们点开"单词本"的其中一个单词后，可以发现它的学习信息包括了"字典"和"用法"两个部分。其中"字典"底部有"已掌握"和"删除"两个选项，供用户根据个人的掌握程度去做选择，而"用法"则可以把单词还原到有上下文的原句中来帮助理解记忆。

从上面的说明来看，"机内学习"在某种程度上还是非常方便的，但时间久了，你会发现 Kindle 自带的翻译是不够的，如果我们想真正掌握单词，还是要下更大的功夫。在看《把你的英语用起来！》的时候，我学习到了作者伍君仪推荐的一个英语学习方法——透析法，书里是这么介绍它的：

> 英文听说透析法的"透析"二字取自医学术语，原理就是用你的大脑对英文材料中的生词用法等语言知识进行滤膜分析，以电子词典为工具，定量地析出语言知识，在提高词汇量的同时，轻松培养对英文的熟悉感，达到轻松自如、随心所欲的境界。
>
> 透析法的特点：选择最纯正的材料，大幅度提升吸收生词的速度，使用电子词典，对材料海量吸收。

伍君仪老师在书中强调，用透析法提升中国人的英语文化水平，核心就是要"读懂英文原著"。因为读懂原著，才能让我们放眼看世界，品味原汁原味的英语。

图 6-5　在 Kindle 中复习单词

关于这一点，我在阅读雷·达利欧（Ray Dalio）的《原则》（*Principles*）时就深有体会，英文版一点不像中文版那么好啃，看着一个个经济学专有词汇，是很容易让习惯中文阅读的我们随意放弃的。关于这一点，我也不例外，于是在阅读的过程中也中断了一阵子。但是，经过顿悟的我又把它捡了起来，并且用不慢的速度读完了一直卡着的那部分内容，觉得豁然开朗。

我到底用了什么办法突破了这道障碍的呢？

### ⊙ 透析法

这个方法正是"透析法"。尽管在上文中告诉了大家这个方法的出处，但在实际的应用上相信大家还是会有很多疑问的。那么"透析法"应该怎么用呢？

对于一般的原著阅读者，采用得更多的是直接阅读或扫读的方法，这么做一方面会让自己经常忽略细节，另一方面可能完全看不懂，很容易就中途放弃，或者干脆看完了一遍也没有记住任何细节。

透析法正是为了解决这个问题而诞生的，在透析法中，我们可以采用只查50%生词的方式，间隔地对英文原著中的陌生单词进行查词，对于没查的词可以猜测意思，但一定要做到理解，我们把这种结合查词和猜词达成对原著的理解的方法叫作透析法（见图6-6）。

不过有一点必须要提到，就是不要对每个词都进行精读，因为那样做只会消耗我们的耐性，让我们失去信心，导致读不下去。

只是这样就可以了吗？

其实不然，在运用透析法的过程中我们还需要保证一个前提，那就是我们不仅能读懂，还要略过50%的生词，依然读得懂。

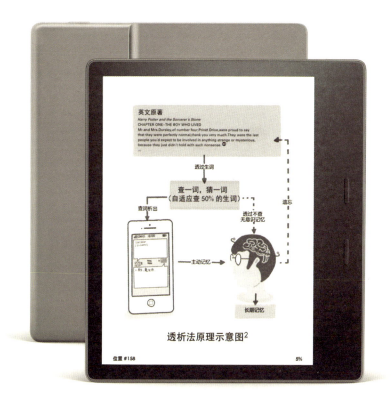

图 6-6　Kindle 读原著的原理

这里需要解释一下，对于"透过"的单词，我们不是略过，而是要用"猜"的形式对空白内容进行理解补充。对于"猜"这个动作，即使猜错也无关紧要，因为经过后面的阅读，我们也都能把大致意思搞懂。

当然，如果你是手机或平板电脑用户，那么对已查询单词进行及时的复习则变得十分重要。我推荐大家用欧路词典（EuDic）来进行单词的记录与复习，它的复习功能设计得很符合人类的记忆曲线，有助于我们更好地记忆单词。

尽管用欧陆词典来学习外语十分方便，但总是从纸质书切换到手机或平板电脑容易浪费较多时间。现在，用着 Kindle 的你有了更好的解决方案，即通过记忆神器 Anki 配合标注神器 Kindle Mate 以及 Anki 插件 AnKindle 来完成操作。

那么，让我们先从记忆神器 Anki 说起。

### 记忆神器——暗记（Anki）

Anki 作为一个知名记忆神器，在高效能人士的圈子里很流行，但对于大众而言，它还是非常陌生的。那么，Anki 究竟是什么呢？

英文维基百科是这么定义 Anki 的："Anki is a spaced repetition flashcard program. 'Anki'（暗记）is the Japanese word for 'memorization'。"

通俗来说，Anki 是一个让记忆变得更轻松的工具，是一个能协助我们记忆东西的软件。相对于前文提到的欧陆词典来说，它具有更强的 DIY 空间，不仅可以拿来学习英语，还可以拿来学习别的语言，甚至用于记忆我们用 Kindle 读过的精彩句子、读书笔记等。

图 6-7 是我在用 Anki 来记忆我在 Kinkle 看到的一句话的操作，这句话是诺贝尔文学奖获得者托马斯·曼说的，如果我要记住它应该怎么做呢？我可以给自己设置一个应用场景，然后把这句话套进去，自然就容易记住了，这是一种叫"场景感"的东西，可以让我们快速建立对内容的认知，实现快速的记忆。

图 6-7 在电脑端制作 Anki 的读书笔记

上图就以 Anki 制作 Kindle 的读书笔记为例给大家展示了 Anki 的视觉记忆效果，在第 7 章中我们将着重为大家说明如何用 Kindle 结合 Anki 来记住我们看书时想要记忆的精华。

介绍完 Anki 的概念后，让我们再了解下为什么我要选择 Anki 作为 Kindle 的搭档。

## ⦿ 为什么要用 Anki

在小程序盛行的年代，App 的普及率已经非常高了，覆盖的类目也比较齐全，我们会发现相似功能的产品比比皆是，为什么要用 Anki 呢？

事实上，Anki 几乎集成了作为一个记忆神器该有的所有功能，而且功能还在不断迭代、升级，以下我总结了选择 Anki 的几大理由，也算是给还没有选择 Anki 的读者一点参考：

（1）免费（除 iOS 系统外）；

（2）设计简单，功能却很齐全；

（3）支持几乎所有主流平台，没有使用壁垒；

（4）Anki 的牌组录入形式十分多样化，门槛低，自定义空间大；

（5）强大的备份系统，不论你在任何一个平台都可以轻松进行云端备份；

（6）Anki 的插件资源丰富，里面就有适配 Kindle 生词本内容导入的插件。

总而言之，Anki 是任何一个终身学习者、语言学习者、阅读爱好者或学生都不容错过的神器，说了这么多，你一定好奇怎么使用 Anki 吧，下面我们就来讲讲这部分。

## ⊙ 如何用 Anki

在该部分我会分点为大家说明 Anki 的一些基础用法，包括 Anki 的记忆原理、适配系统的产品下载与安装以及 AnkiWeb 账号的注册等使用前必须进行的工作。

### Anki 的记忆原理

Anki 的记忆是通过卡牌的联想和间隔重复记忆来设计我们记忆单词的方式的。怎么理解呢？

卡牌的联想，即通过设计正面的内容，来让使用者联想背面的内容（见图6-8）。该方法可以应用于背单词、记忆概念甚至是书里的内容等，在本章中我将就其在 Kindle 背单词的功能方面给大家展开详细的说明，在这个场景下，正面将不只是单词，而是单词加原文，背面则是加上更多的例句和解释。

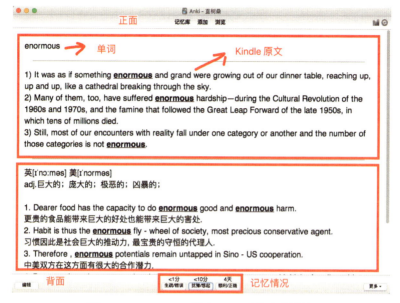

图 6-8 Kindle Mate 导入 Anki 后的内容设计

至于间隔重复，Anki 会基于我们对单词的理解程度，即生疏、犹豫、顺利等多个程度去判定我们需要多久再次看到这些单词，通过长此以往的反复记忆，达到最终的记忆目的。

说完了 Anki 的记忆原理，让我们再谈谈如何下载 Anki 吧。

下载适配系统的 Anki

Anki 除了 iOS 版，即原作者开发的版本外，其他均为免费的版本。一般我们编辑的操作都会在 PC 端进行，因此大家可以提前通过官网下载适配您系统的 Anki，下载地址为：https://apps.ankiweb.net/#download。

各个系统的情况，我已通过表格为大家列出，您可以根据自己的设备去选择，具体可见图 6-9。

| 操作系统 | 适用设备 | Anki 版本 | 价格 | 备注 |
| --- | --- | --- | --- | --- |
| Windows Vista/ 7/8/10 | 桌面/笔记本电脑 | Anki for Windows | 免费 | |
| MacOS | 桌面/笔记本电脑 | Anki for Mac | 免费 | |
| iOS | iPhone/iPad | AnkiMobile | 163元 | Anki 原作者 Dasmien Elmes 的作品 |
| Android | Android 手机/平板电脑 | AnkiDroid | 免费 | 由自由开发者以电脑版 Anki 的开源代码为基础开发 |
| 通用 | 任何设备 | AnkiWeb | 免费 | 网页版，所以没有设备限制 |

图 6-9　Anki 的版本说明

## 新建本地账号

本地账号是大家使用 Anki 最基础的账户系统，一般只建议大家创建一个。

如果你需要创建新的本地账户，则可在登入时选择配置文件中的"添加"选项进行直接的登入，无须设置密码，而如果你想设置密码，也可以（见图 6-10）。

图 6-10　在 Anki 中新建账户

如果你已经通过某个账户登入了,又想重新建一个备用账户的话,你可以通过"[文件]→[切换本地账户]"来完成(见图 6-11)。

图 6-11　在 Anki 中切换账户

### Anki 的数据同步

Anki 的厉害之处就在于它可以同步手机、平板电脑乃至笔记本电脑等所有端口,并且注册简单,使用方便,可以说是老少咸宜。

如何注册呢?大家只需要登入 Ankiweb 的网站,即 https://ankiweb.net/account/register 进行注册,然后记住账户和密码。在新建账户并创建完所需的记忆库后就可以通过登入该账号来完成数据的上传与下载。

这个操作并不复杂,但有一点必须留意,就是当产生数据冲突时,我们需要根据到底是 Ankiweb 上的数据新还是当前数据库的数据更新去选择"从本地上传到 Ankiweb"或者"从 Ankiweb 下载到本地"。在日常使用中,我建议在使用完 Anki 后手动点击一下同步,把关键数据与 Ankiweb 打通,以防造成不必要的数据冲突或数据丢失。

### 语言选择

如果大家使用 Anki 的目的是学习语言,那么最佳方案自然是调整到对应国家的语言了,当然这对于初学者来说还太难。因此我会建议大家走一个先易后难的过程，即一开始用本国语言进行学习，到词汇量已经足够多了后，再用原版的系统，这样做的话，就不会那么难了。

那么具体应该怎么操作呢？下面我以 Mac 系统为例进行讲解。

操作步骤（MacOS）：［Anki］→［偏好设置］→［界面语言］→［简体中文］→［关闭 Anki］→［再次进入］。

说完 Anki 的适配系统、账号注册以及语言选择等基础用法后，让我们再谈谈 Anki 的进阶用法。

## ⊙ 记忆库、卡片与笔记类型

Anki 主要是由记忆库、卡片和笔记类型组成，通俗来说分别对应：文件夹、需要记忆的信息以及信息的呈现形式。其中，最常用的笔记类型就是 Basic（基础）了，这是一种正背面的记忆方式。当然还有像 Cloze 这样适用于填空题的类型，使用方式可以非常灵活，但我们记单词比较需要用到的是 Basic 这种类型（见图 6-12）。

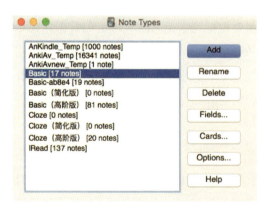

图 6-12　Anki 里的笔记类型

**卡片的创建**

了解完笔记类型,就该谈谈卡片的创建了,最基础的创建卡片的方式就是单击主界面的"添加"选项并进行适配内容的录入(见图 6-13)。但是不得不说,这种方法效率有点低。

图 6-13　Anki 的卡片创建

如果你想提高效率的话,我有两个方案介绍给你,其中一个是利用第三方工具,也就是使用 Kindle 标注管理神器 Kindle Mate,通过提前建立信息源来实现从 Kindle 到 Anki 之间的转化;而另一个则是通过我和朋友开发的工具 AnKindle 来快速实现生词的导入。

下面,让我们先谈谈第一种方案,也就是通过标注管理神器 Kindle Mate 实现内容的导入。

## ⦿ Anki & Kindle 语言学习深度技巧之一:结合软件 Kindle Mate

Kindle Mate 是一款国内老牌的 Kindle 标注管理软件,对所有用户免费开放使用，因而也拥有了很大的用户群体，美中不足的是，它目前只专注 Windows 客户端，如果你是 Mac 用户则需要通过虚拟机来操作。

如果它只能管理标注，肯定也不足以支撑它的口碑。事实上，它的语言学习功能也十分强大，其对生词本的多元支持，目前还没有什么产品能够与之比肩的。

如何下载到这个神器？

下面我直接附上最新的 1.38 版的下载地址给大家，大家在下载后按步骤安装即可。

Url：http://kmate.me/downloadcn/.

### Kindle Mate 的使用

在安装了 Kindle Mate 后以及正式使用前，让我来给各位简单介绍一下 Kindle Mate 的基本使用方式。

使用 Kindle Mate 非常方便，连接到设备后可直接按 F2 进行快捷同步，当然也可以在"文件"中的"从连接的 Kindle 设备自动导入"进行同步，如图 6-14 所示。

图 6-14　在 Kindle Mate 上同步 Kindle 的信息

这个同步主要有两部分，一部分是标注/笔记信息的同步，另外一部分便是生词本的同步了。在标注/笔记这块，我们可以以标注/笔记对应书目的类型来对其进行归类分组，还可以对标注/笔记中非常有价值的内容进行"再度高亮"，总之玩法很多，大家通过图 6-15 就大抵可以了解怎么使用了。

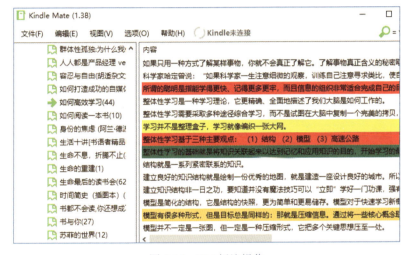

图 6-15　KM 标注操作

然而，Kindle Mate 的特色还更在于它的生词管理系统。那么，如何利用 Kindle Mate 的生词本功能来学英语呢？

如何将 Kindle Mate 的优质生词本信息高效导入 Anki

这部分是一个重点，主要有以下几个步骤：

（1）选择合适的词典释义。

选择一个合适的词典在这部分操作中还是十分重要的，那么应该如何选择合适的词典呢？

步骤其实很简单，大家在打开 Kindle Mate 后点击"编辑"按钮并选择下拉菜单中"管理生词释义"的选项，接着就会看到图 6-16 中所示的内容，按照步骤以此操作即可。

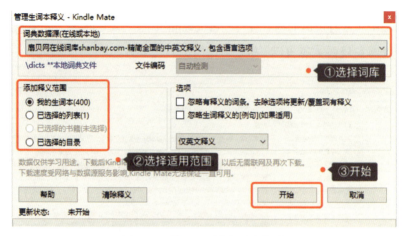

图 6-16　管理生词本的准备操作

接着大家就会看到图 6-17 所示内容。更新完成后，我们就完成了合适的词典选择了。对于选择哪种词典，我建议大家综合对比一下再做选择，它们分别是："WordNet 3.0""Bing 必应词典""扇贝词典""金山词典"和"维基词典"，笔者目前倾向于使用"扇贝词典"的词库，仅供参考。

（2）用 Kindle Mate 导出生词本。

在导出生词本前，我们需要先预设一下 Anki 的导出风格，也就是我们后续记忆单词的形式。具体步骤如下：［选项］→［自定义生词本复制与导出格式］→［Anki 风格］。

关于风格的选择因人而异，个人喜欢通过正面来引导反面的方式，因此，我的 Anki 导出风格的设置步骤是：［正面］→［生词 / 原形，背面］→［用法 / 释义］，具体如图 6-18 所示。

第 6 章　如何利用 Kindle 学外语　**145**

图 6-17　管理生词本的执行操作

图 6-18　Kindle Mate 的 Anki 风格选择

选择完"Anki 风格"之后，我们就要进入生词导出操作，具体步骤为：[选中生词本中的学习中的部分]→[单击右键]→[导出到文件]→[选择带有逗号的 txt 并任意命名]→[保存]。

值得一提的是，最后一步是非常重要的，记得要选择带有 Anki 前缀的 txt 格式导出，即 UTF-8 形式的 txt，具体可见图 6-19。

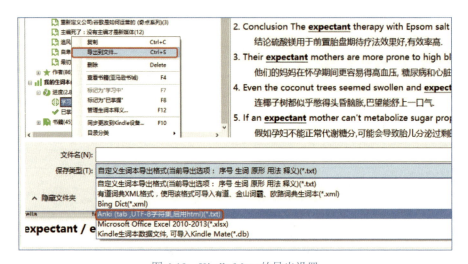

图 6-19　Kindle Mate 的导出设置

（3）用 Anki 导入生词本。

在 Kindle Mate 将文件以 Anki 可识别的文件格式导出后，就到了在 Anki 中导入 Kindle 生词本的环节。

首先，我们应该打开 Anki，接着进行下面几步的操作，选中我们刚导出的 txt 文件：[文件]→[导入]→[选择 KM 导出的 ".txt"]（见图 6-20）。

确认打开后，我们会进入一个信息设置的页面，这时候有几个选择你需要注意：

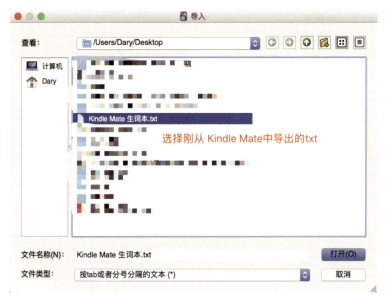

图 6-20　Anki 的导入选择

（1）在记忆库选择你需要导入的内容归属的地方，可以在导入前新建一个文件夹，比如我就提前准备了一个 Kindle Mate 的记忆库；
（2）区域分割方式选择默认的选项卡；
（3）导入形式选择"即使已经存在有同样第一字段的笔记"，这样做可以让存在于多本书中的同一个单词可以一次性显示所有例句，增加效率；
（4）正面和背面都用默认状态即可。

具体可参考图 6-21 的设置。

图 6-21　Anki 的导入设置

如果你能收到图 6-22 的提示的话，就说明你完成了卡片导入的工作。

图 6-22　Anki 卡片导入成功的提示

### 如何利用 Anki 完成生词本的记忆

在生词本导入 Anki 并完成操作后，我们就到了最后的记忆部分了。这部分从本质上说，就是从 PC 端过渡到移动端的过程。怎么做呢？首先，我们需要在手机端同步在 AnkiWeb 上准备好的优质生词本数据，然后利用平时的碎片化时间对这些内容进行反复记忆、反刍。通过结合原文，我们可以加深对原著的理解。如果遇到实在不理解的地方，我们还可以返回书中重读，没准还能提炼出更多优质内容。尤其对于一些优质的大部头，如此反复才能把它们读透，从而加深对作者思路的理解。

当然，这个过程中还是有很多细节需要提一下：

（1）随时进行记忆库的内容修改。

当导入了卡片之后，我们会把卡片存到我们的记忆库中，如图 6-21 的 412 号卡片→我的 Kindle 生词本。如果想对记忆库中的卡片进行修改，我们可以通过以下步骤进行：[打开 Anki 主界面]→[选择"浏览"]→[选择目标记忆库]→[修改]，具体如图 6-23 所示。

（2）及时同步，不要随意覆盖 Ankiweb 的内容。

在日常使用的过程中，我们可能会在多个设备中使用 Anki，这就存在一个同步的问题，当你在手机中学完并修改了部分内容后，没有保存甚至没有关闭应用，这样就会导致在另一个设备中打开时会有信息冲突的情况。

为了解决这个问题，我们要养成及时背诵、及时同步的习惯。如果出现问题了，也不要随意选择覆盖 Ankiweb 的内容，而是应该通过信息的更新日期来做判断，具体可见图 6-24 的操作。

最后展示一下利用 Anki 来背诵 Kindle Mate 引导过来的单词本的实际展示效果，图 6-25b 为背诵完当天计划的情况。

在主界面单击浏览选项并选择目标记忆库，对内容进行、优化、调整。

图 6-23　对 Anki 记忆库的内容进行修改

图 6-24　及时同步复习进度

图 6-25　Kindle Mate 在 Anki 中的背诵模式

尽管这种方法已经足够方便了，但 Kindle Mate 这个工具对于一些没有 Windows 电脑的用户，或者想更简单操作的用户来说是有些不便的。

因此，我和一个非常喜欢研究 Anki 插件的朋友框框一起，特别为此做了一个 Anki 插件来简化这个流程，顺便还提升了一下美观度，这就是我即将给大家介绍的插件 AnKindle。

## ⊙ Anki & Kindle 语言学习深度技巧之二：结合插件 AnKindle

AnKindle 是个很有意思的 Anki 插件，诞生于 2018 年 3 月，可以说是一个非常年轻的"宝宝"了。那时候我刚刚认识该插件作者框框不久，我发现这兄弟做的 Anki 插件都还挺精致，于是向他说明了自己在生词本这块的需求，那会儿他就来了干劲，让我提了具体需求后，立马就做了起来，并且很快就诞生了最初的版本。在经过几次版本迭代后，AnKindle 就诞生了，毫无疑问，它是大家用 Kindle 攻克语言的必备神器。

虽然说它是一个插件，但本质上是一个 Kindle 工具，它有着非常强大的生词导入并转化成卡片以实现记忆的功能，相比 Kindle Mate 的玩法，它更加专业且轻盈，更重要的是，它不受系统制约。

下面，我将为各位系统地谈谈这个工具。

### 如何安装 AnKindle

安装前的准备工作：

（1）确保你已经安装了 Anki 的桌面端（macOS/Windows）；
（2）确保你有在 Kindle 上有过生词查询；
（3）确保已通过 USB 将 Kindle 连接电脑；
（4）确保你已经准备有 MDX 词典⊖，如果没有可看节末"AnKindle 还有什么值得关注的地方"中的第（3）点。

---

⊖ 即 MDX 格式的电子词典，需要通过软件 Mdict 打开。目前网络流传的 MDX 格式的词典多为网友基于 MDict 作者提供的词库制作工具（MDXBuilder）制作出来的。

**安装时的具体操作：**

（1）启动 Anki，并执行以下操作：

［打开菜单栏］→［工具］→［插件］→［浏览 & 安装］（见图 6-26）。

图 6-26　Anki 中安装插件的流程

（2）输入代码：

在出现的方框中输入代码"1016931132"，接着按下确定，选择重新启动 Anki。

重启后，我们就可以使用 AnKindle 了吗？当然没有这么简单，我们还需要一系列的操作，才能将生词从 Kindle 转移到 Anki 中。

### 如何使用 AnKindle

在说如何使用之前，我们先来看看 AnKindle 导入时的操作界面。我已在图 6-27 中标示出具体部分的解释。下面，我将对内容进行详解。

（1）选择 Kindle 生词数据库（必选）。

生词数据库特别好理解，就是装载 Kindle 生词的文件，一般情况下我们是看不到它的,而通过 AnKindle 我们是可以识别并选择它的。

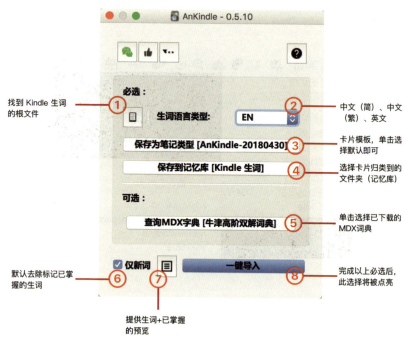

图 6-27　AnKindle 导入界面详解

想要打开这步操作,大家需要保证自己 Kindle 的 USB 是接入电脑的,插件在 Windows 上能自动识别 Kindle 单词数据库,而其他系统(OSX 和 Linux)第一次需要手动选择。

其中,OSX 系统下单词数据库的路径为:Volumes/Kindle/System/Vocabulary/Vocab.db(见图 6-28)。

(2)导入语言类型(必选)。

Kindle 用户中多语言学习者不乏少数,那么你的生词本自然少不了多种语言的生词了。

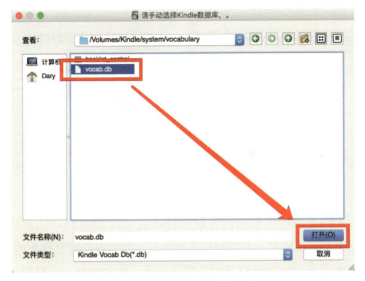

图 6-28　Mac 中的生词导入操作

为了应对这种需求,开发者提供了三种语言的选择,分别是 ZH-TW(繁体中文)、EN(英语)以及 ZH(简体中文),大家通过图 6-29 中的下拉框选择你需要的语言即可。

图 6-29　AnKindle 的导入语言选择

(3)保存为笔记类型(必选)。

这一步是为了选择 Kindle 单词导出的目标笔记类型。本插件默认提供的一个类型为"AnKindle",您可以在 Anki 菜单"工具"下的"笔记类型管理"中查看其具体内容(见图 6-30)。

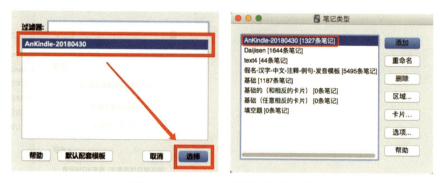

图 6-30　AnKindle 的笔记类型选择

上图中说的模板指的是我们将内容导入 Anki 时默认选择的笔记类型,也就是一种预设的排版形式。如果原先没有模板的话,可以直接点击该处进行笔记类型的生成,你会收到一个排版还不错的笔记类型,也就是上图标记的那样。

(4)保存到记忆库(必选)。

这一步是为了选择 Kindle 单词的目标保存到记忆库(见图 6-31)。

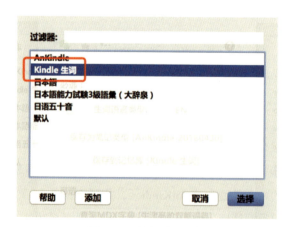

图 6-31　保存到记忆库

（5）MDX 词典（可选）。

默认生成的模板本身会提供一个字段为"mdx_dict"的词典。当然，您也可以选择自己喜欢的 MDX 字典。插件如果读取此选项，那么插件会查询这个词典，然后把可用的查询内容放进"mdx_dict"。注意，如果此项未被选择，您的卡片将没有单词释义。

（6）如果勾选"仅生词"（可选）。

插件不会导入被 Kindle 标记为"已掌握"的单词，也就是说，如果你想将过去已掌握的单词也放进来复习的话，此处就不需要勾选了。

从这点来看有两个方法，方法一就是在设备本身慢慢标记，方法二就是用 Kindle Mate 协助完成并同步回 Kindle。

（7）生词预览（单词管理）（可选）。

该选项如果被选择，AnKindle 将为您提供生词以及已掌握的单词的预览功能，当然，还包括一些简单更新 Kindle 数据库的操作。

（8）一键导入。

这是最后一步操作，本操作只有以上必选步骤完成后才可执行。

### AnKindle 还有什么值得关注的地方

（1）标记生词为"已掌握"。

AnKindle 在"生词预览"按钮里提供简单的预览功能，大家可以在里面进行一些简单的操作，比如更新 Kindle 数据库的生词状态。

您可以每次导入生词后把那些单词在生词预览窗口中标记为"已掌握"，下次同步的时候如果勾选"仅生词"，插件就不会再进行全部单词扫描了。

（2）自定义笔记类型/模板（见图6-32）。

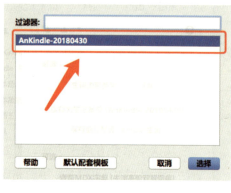

图6-32 自定义笔记模板

除了默认的模板"AnKindle"，大家也可以根据自己的需求去自定义自己的模板进行选择（特别适合已经用其他方式将单词导入过Kindle并正在学习那些卡片的朋友们），您的模板字段中必须包含下面列出的所有字段（顺序可不同，允许有其他字段，区分大小写）。

- ✓ stem：单词原型。
- ✓ word：单词。
- ✓ lang：源语言类型。
- ✓ creation_tm：加入单词本的时间。
- ✓ usage：Kindle引用的原句。
- ✓ title：书名。

- authors：作者。
- id：ID。
- mdx_dict：用户储存的本插件的 MDX 字典的查询内容。

意思就是说，如果您自己的笔记类型模板里面包含了以上的字段，那么在插件下面的窗口中就能显示了。

（3）自行选择 MDX 词典。

网上的 MDX 词典资源其实挺多，大家可以自己去网上搜索和使用自己喜欢的 MDX 词典作为单词卡片的释义源。这里我们提供 4 个词典，大家可以在公众号"拾书小记"（ID：shishuxiaoji）回复"MDX"关键字获取下载链接。

这里面的词典就包括了：《朗文当代英语词典》《牛津高阶双解词典》《韦氏高阶学习词典》《麦克米伦高阶英汉双解词典》。

### AnKindle 生成卡片的效果如何

下面以《麦克米伦高阶英汉双解词典》为例，我们在手机端看到的效果如图 6-33。

### 如果学的是日语的话，应该怎么操作

以上的方法主要是基于英语学习的，那么日语学习是不是也一样呢？大家可以思考一下。

Kindle 的日语学习事实上和英语类似，但从记忆形式上，更强调语音加文字记忆这个动作，这个动作在 Anki 也是可以实现的。事实上已经有不少日语学习者开始用 Anki 来背诵日语单词，就连 Anki 的创始人据说也是抱着学习日语目的来设计这个产品的。

在网络上，已经有不少日语学习者制作了漂亮的牌组并分享出来，其中就包括了日语 50 音、N3、N2、N1 等多种模板，我也

把它们搜集了起来。如果你对它们有兴趣,可以来我的公众号"拾书小记"(ID:shishuxiaoji)回复关键词"日语"来获取我为大家准备的"日语 50 音"。

图 6-33　AnKindle 背诵模式

## 本章小结

本章从英语学习的困境出发，告诉大家通过纸质词典搭配原著进行英语学习的困难，以及用 Kindle 学习和阅读原著的便捷性。

接着，我们还谈了词典的选择原则以及获取方式，告诉了大家选择最适合自己的词典才是最佳的选择。当然"英英词典"应该是我们优先考虑的选择。

在后面的部分，我们为大家解读了用 Kindle 学英语的两种方法，分别是"机内法"和"透析法"，前者学习尤其有局限性，因此我给大家推荐了更为便捷、有效的"透析法"。

在后面介绍给大家的 Anki 也是基于"透析法"来说明的，结合 Kindle Mate、AnKindle 和 Anki 这几个神器，再加上我们长期的努力，一定能攻克好英语这道难关。在这方面的成功案例比比皆是，互联网上早有不少人得益于此，相信使用正确的方法，再加上足够的训练，我们也能实现自己想要追求的目标。

# 第 7 章
CHAPTER 7

# 这样用 Kindle 读书才有效

选书篇
输入篇
加工篇
输出篇

在读书变成了一件人人都可以做到的事时,大多数人都采用佛系阅读的思路。但我相信每个爱读书的人都会有一套自己的读书方法,这些阅读方式从本质上来说,并没有好坏之分,区别在于"收效"。因此,采用怎样的方式去对待书里的内容,一定程度上决定了我们能吸收多少。

纸质书和电子书因为形态的不同,在阅读方法上也存在差异,前者重在笔头,而后者则重在技巧。不仅如此,用 Kindle 阅读电子书和用手机、平板电脑也不太一样,不仅区分在护眼层面,在内容整合、吸收方面也是有差异的。在 App 市场上有很多工具、很多平台,特点各异,但对应的版权实力却差别很大,相对而言,正版书库足够大的 Kindle 的优势就凸显出来了。

那么,有没有一个很好的 Kindle 读书方案,可以把整个读书的环节串联起来呢?

事实上,是有的,这一块也是本章的重点。经过我的长期实践和探索,我认为,如果想用 Kindle 去吃透一本书,是有科学的方法和流程的,我把这个流程叫"Kindle 读记流"。顾名思义,就是通过 Kindle 把一本书从读到记一口气做完。当然,这个过程可没有那么简单。

我们可以通过一张简单的流程图(见图 7-1)来了解"Kindle 读记流"的整个过程。我们会发现,这个过程一共分为四大块,分别是"选书""输入""加工"和"输出"。

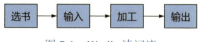

图 7-1　Kindle 读记流

当然,上面这个流程只是一个基础流程。我们通过下面的内容具体分点描述,为大家还原一个更为完整的"Kindle 读记流"。

## 选书篇

"选书"是"Kindle 读记流"中的第一步,重要性自然可想而知(见图 7-2)。

图 7-2　Kindle 读记流——选书

### ⦿ 明确选书的目的

很多人会觉得,不就是选书嘛,有什么难的,看哪本顺眼就看哪本不就行了?看书最紧要是开心。正是有这样的心态,很多人才会陷入好像读了很多书,好像又没读过的状态。你不妨仔细回忆一下近一年都你读过哪些书。你真的有基于个人需求去选书吗?还是说只是随意去选择一本书,看了后内容也不过脑?再或者是佛系阅读,看似经常读书却也没有看出个所以然来?

事实上,选书的门道很多,也很个人化。再牛的人给你的推荐,如果不是基于你个人的需求,都意义不大。所以在选书前确认我们为什么选书则显得非常重要,一定不要觉得这个步骤无所谓,没有了它你会失去很多值得你去注意的细节。确定自己的读书目的,哪怕很功利也无所谓,只要它对你当下是有意义的。这些目的就包括:为了学习一种乐器而读一本书;为了学习写作而看很多教材;为了学习语言而去看书……只有确定了目的,你的阅读、你的信息检索、你的虚心求教才会有意义,不然都只是在浪费你的时间。

《书都不会读,你还想成功》的作者二志诚借用主人公的话来道出读书目的的重要性:"千万不要忘记读书的主体是自己。一定要懂得自己为什么读书，自己想通过读书改变什么。"

## ◉ 使用图书评分网站

明确了选书的目的之后，我们就应该根据目的去选书了。这时候一个好的图书评分网站就比较重要了。如何定义"好"呢？在我看来，好的评分网站有以下特点：

（1）用户数较多，评价较多且相对客观；

（2）中文、英文书目全覆盖，满足大多数用户的需求；

（3）广告味不浓，专注阅读。

在我的长期观察下，"豆瓣阅读"以及"Goodreads"皆属于此列，这两个网站都各有其优势。其中，"豆瓣阅读"中的中文书（非繁体版）显然是比较多的，也比较适合国人的阅读习惯。而"Goodreads"则比较西化，繁体书和英文原版书在这里找则合适得多。总的来说，这两个网站的评价和评分都是可以着重参考的。当然，如果还要更多的话，amazon.cn 或 amazon.com 的图书评价也可以拿来参考。

在实际找书的过程中有什么具体的方式？我的方法就是使用关键词。举个例子：我想学习写作，就直接在搜索栏键入"写作"或"writing"就好了，接着你就可以通过评分、评价等参考要素开始慢慢选择适合自己的那些书，而这些书最终可以汇总成一个书单。

## ◉ 对书进行二次筛选

有了书单后还没有结束，你还要对这个书单进行筛选。大家可别嫌麻烦，这个头开得好，后面的发力就会显示出它的价值和效果了。

那么，如何进行二次筛选呢？

（1）根据作者的知名度做个权衡。

如果作者在领域内比较知名，那么这样的书目选择显然是不会错的，这本书可以作为主读书目；而如果作者没有什么名气或者可靠性不强，那么这本书可不读，或者作为参考读物。

（2）参考对应圈子 KOL 的意见。

这里说的 KOL 就是大家说的意见领袖了，比如你可以发微博公开请教，也可以私信请教，甚至写邮件。总之，各种可能的方式你都可以尝试，只要你够真诚，我相信会有让你意想不到的结果。退一万步说，即使他们不理你，也没关系，你也可以在你的社交圈找一些相对懂这块的人交流，寻找一些有价值的反馈，以此来优化你的书单。

（3）购买渠道是否允许。

书目是否有 Kindle 版也是非常重要的，在进行二次筛选的时候，我们需要将书单中的项目一个一个在 amazon.cn / amazon.com 上过一遍，这步操作也可以作为一个筛选标准。当然，如果有一本书太重要又刚好没有电子版，那你就可以考虑买一本纸质版的。

经过二次筛选后的读物就可以毫不犹豫地装进你的 Kindle，这可是地基。

总结一下，我们的选书流程就是：［确定阅读目的 / 需求］→［借助豆瓣读书 / Goodreads 等网站建立基础书单］→［寻求对应圈子的 KOL 或身边专业人士对书单进行优化改进］→［买买买］，具体可见图 7-3。

图 7-3　建立符合需求的优质书单

介绍完了选书的流程,让我们谈谈怎样用 Kindle 读书(输入)吧。

## 输入篇

在开始"Kindle 读记流"第二步之前,大家可以先想想:为什么我在第一步中会强调大家去建立并反复筛选书单?

因为一份好的书单真的十分重要,它可以让你从多角度了解这个主题下的知识点。一般来说,一个领域的开山鼻祖或重要人物所著的且认可度较高的作品就值得你在这个阶段去精读,而那些继续发扬他学说的人以及一些后继者的观点,我们只需要有重点地(无须进行逐字的精读)去阅读即可。

带着这样的基础认知,让我们开始"Kindle 读记流"的第二步"输入"吧(见图 7-4)。

图 7-4　Kindle 读记流——输入

在大家用 Kindle 阅读的过程中,我们可以把"输入"理解为对书籍中重点内容的消化吸收,也就是我们用 Kindle 看书时留下的"标注/笔记"。

那么,如何才能把"输入"环节做好呢?事实上,一份好的"输入"是对好的书单的挖掘,这点我们在上一节已经和大家说明了。那么,要做好"输入"我们还有什么可取的方法呢?在长期用 Kindle 阅读的过程中,我摸索出来的几个在"输入"过程中很好用的方法,它们分别是:"一个思维""三个技巧"和"两个意识"。

其中,"一个思维"就是指阅读前的自我提问,带着问题去阅读。"三个技巧"则是对我们做"标注/笔记"的具体内容进行优化。而"两个意识"则是我们在处理标注和笔记时的思考过程。

下面,我将具体为大家谈谈这三个方法。

## ⦿ Kindle 阅读过程中的三个方法

这些方法不管是在阅读纸质书还是阅读电子书时都尤为重要,我们在读书之前要先对我们所研究的领域进行探索,了解领域框架后再下手去准备阅读。

而这个准备阅读的过程,就是我要给大家说的方法问题。

### 一个思维:带着问题去阅读(纸质书、电子书通用)

我们每次在读一本书之前,最好先在网络渠道,比如豆瓣、Goodreads、知乎等平台对准备读的书以及作者进行深入探索,查阅相关书评、读书笔记,然后梳理出一系列问题,比如:如何理解作者想要传达的核心内容,如何能使自己的需求和作者想传达的内容进行碰撞,等等。

拿《穷查理宝典》来说,我们可以问:对查理·芒格影响最大的人是谁,为什么?查理·芒格和沃伦·巴菲特是怎么样的关系?查理·芒格如何实现从律师到金融大鳄的身份转变?查理·芒格的思维模型体系中有什么值得我们学习的……

你只有带着问题,"细嚼慢咽"好书才有价值。说到底,要吃透一本好书,你首先要当一个"好奇心宝宝"。带着问题去阅读是个很好的思维方式,但在 Kindle 阅读中还不只这么简单,我们还需要掌握"三个技巧"和"两种意识"。

三个技巧：对三种内容进行标注或做笔记

这里谈的是 Kindle 的基础功能——标注和笔记，我们在用 Kindle 阅读的过程中，最不应该忽视的就是这块。做标注和笔记有个前提千万要记住，那就是我们所做的内容是有价值的，即你能在这句话或者这个笔记中继续挖掘。带着这样的思路去做标注和笔记才会让你清醒。当然，一般性的书摘可以除外。

通过我的长期实践，我认为如果要做好"标注／笔记"需要掌握以下三个技巧：

（1）对于作者的重点观点描述，进行标注；
（2）书中能对当下的你产生帮助的地方，进行简单笔记；
（3）书中能与自己产生共鸣的地方，进行简单笔记。

值得注意的是，由于出版社的版权限制，标注的最大范围为全书的 10%，大家需要留意一下，否则就会出现标注溢出部分无法读取的情况。

两个意识："标注意识"和"笔记意识"

除了上面提到的三个技巧，我认为，在 Kindle "标注／笔记"体系中，我们还需要有两个意识，我分别管它们叫"标注意识"和"笔记意识"。

（1）笔记意识。

那么，让我们先谈谈"笔记意识"，"笔记意识"是我觉得最重要的意识。说到笔记意识，我得先和各位谈谈笔记的构成。在 Kindle 的笔记场景中，系统为大家设计的是在标注基础上的内容说明，其实就是我们用语言来组织自己标注内容的含义，当然也可以是你看到标注内容后的想法、看法等。

"笔记意识"是重要的，搭配标注的内容能够形成一个很好的提问、回答的框架，也就是所谓的"A/B面"，它是对我们后续的"加工"环节的一个很好的铺垫。但由于用 Kindle 输入不如我们用手机、键盘输入那般容易，直接表现就是效率会受到影响。但这部分真的非常重要，有耐性的朋友我建议你慢慢打完字；如果没有耐性也没有关系，你可以用一种在纸质书上做笔记的方法来做笔记。什么意思呢？

我们在用纸质书做笔记的时候，也会因为匆忙而写了潦草且简单的记录，这种记录往往很简短，但能够让我们回忆起我们记录的东西。同理，当我们因为想要提升效率而需要减少输入的文字的时候，这种方法就显得非常重要了，通过简单、准确的文字记录笔记，也是我们需要锻炼的能力。当然，如果你用的是问题的形式就更好了。

（2）标注意识。

而"标注意识"则更为简单，就是当内容已经复杂到我们无法用笔记直接描述，或者你想快速阅读下面内容的时候，标注意识则是你对重要内容处理的一个方式。

带着"标注意识"，我们可以对重点内容做到"不落下"，对有价值的内容做出未来可被改造为笔记的判断。简单来说就是，在 Kindle 的"标注/笔记"中，"笔记意识"永远是最重要的，标注的内容是为了更好地记忆，在后续的环节中也可以改造成笔记，这部分内容我会在下一节"加工"中深入为大家谈谈。

## 加工篇

一本好书，在基于以上方法阅读完之后，我们就会得到专属于自己的读书"精华",也就是你读完一本书的收获。但仅仅只是这样还远远不够,我们还需要对这些"精华"进行进一步的加工提炼、优化与整理。这就是我们即将要谈的第三步"加工"了(见图 7-5)。

图 7-5　Kindle 读记流——加工

从我的长期 Kindle 阅读实践的结果来看,Kindle "标注/笔记"的"加工"可以分为两个维度,一个叫"管理",而另外一个叫"整合"。

前者可以通过综合性能比较强的标注管理软件达成,重点在于对"标注/笔记"内容的补充、优化与同步,而后者则是通过对前者的支持,而最终达成我们可以在印象笔记中对知识进行"随想随用"的目的。

## ⦿ Kindle 标注/笔记的管理

我们先说说"管理"。一般而言。Kindle 的内容在管理层面至少需要把握以下两个要点:

(1)对标注中多余或欠缺的部分进行增减,以达到修整书摘的目的;
(2)对笔记中的简单记录进行深度提炼,将内容完整化、具象化。

而要实现以上两点,则需要有一个综合性能过硬的"标注/管理"神器才行。近年来，Kindle 的"标注／笔记"管理工具越来越多，但综合来看，Kindle Mate（Windows）、Clippings.io（Web）、Knotes（Windows / macOS）以及 Klib（macOS）四款产品表现得较为优秀，它们都在某个细节方面拥有不可取代的地方，在"价格""适配系统""功能"方面也都有差异。

因此，大家在选择的时候要根据自己的设备和需求情况去做出判断，甚至可以选择 1～3 个进行搭配使用，具体详情可见我为大家制作的"标注管理神器对比图"（见图 7-6）。

|  | Kindle Mate | Clippings.io | Knotes | Klib |
| --- | --- | --- | --- | --- |
| 价格 | 免费 | 免费 | 可免费使用 7 天体验，付费版价格为 35 元 | 免费版可管理 10 本书籍，Pro 版价格为 98 元，可无限制管理书籍 |
| 导入设计 | 支持 Kindle 设备端、Kindle app | 支持 Kindle 设备端、Kindle app | 仅支持 Kindle 设备端 | 支持 Kindle 设备端、Kindle app、iBooks、多看 等多个设备内容来源 |
| 系统支持 | 客户端，仅支持 Windows | Web 端，无系统限制 | 客户端，无系统限制 | 客户端，仅支持 macOS |
| 支持笔记内容管理 | 是 | 是 | 是 | 是 |
| 可导入印象笔记 | 否 | 是 | 是 | 是 |
| 支持生词本管理 | 是 | 否 | 否 | 否 |

图 7-6　各种 Kindle 标注神器对比

在这几款 Kindle 工具中，Kindle Mate 擅长的是标注管理和生词本管理，在上一章中我已经为大家详解了其在学英语方面的功能。Clippings.io 是网页产品，因此在编辑这部分比较不足，但在输出方面却有其不可替代的优势，我们将在下一节"输出"环节给大家详解。

本节谈的是"加工",从这四个工具的综合性能来看,Klib 和 Knotes 在这方面有着明显的优势,下面我会为大家详细说明这两款产品的具体特性,为大家提供一些信息参考。

### 标注管理神器 Knotes 和 Klib

毫无疑问,作为目前市面上收费领域走得最顺的两款 Kindle 标注/笔记管理类产品,Knotes 和 Klib 这两款工具都是非常优秀的,它们在一些功能上有一定的共性,却又在一些细节上有着不小的差别。

Knotes 侧重功能综合、全系统使用(见图 7-7)。

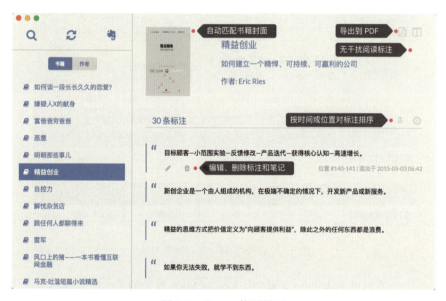

图 7-7　Knotes 使用界面

Knotes 是目前市面上唯一一款可同时支持 macOS 和 Windows

双系统的软件类标注管理工具，我大概总结了一下它的几个非常亮眼的功能：

（1）支持软件内的内容升降序；
（2）可编辑、删除标注和笔记；
（3）支持导出 Markdown、pdf 文件；
（4）可同步到印象笔记（或国内版 Evernote），支持增量同步<sup>⊖</sup>；
（5）可通过书名、作者、标注和笔记快速搜索内容。

Klib 侧重导入形式多元、细节体验（见图 7-8）。

相比 Knotes 的小清新，Klib 则更显成熟，具体体现在数字阅读过程中对导入"标注/笔记"的支持。

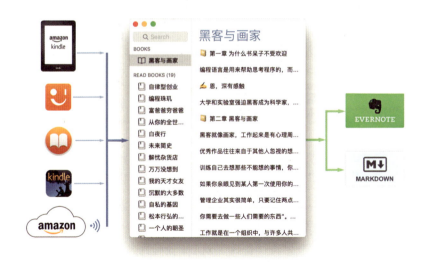

图 7-8　拥有强大的导入，导出能力的 Klid

---

⊖ 增量同步指的是在同步数据的过程中只同步增加的那部分内容，而不是采用全部同步的方式，是一种更为快速、高效的同步方式。

Klib 目前只支持 macOS 系统，但它是 Kindle 中不折不扣的导入功能最强的标注管理工具。通过 Klib 的客户端，我们可以轻松地从 Kindle 设备、亚马逊服务器、Kindle App、iBooks，甚至多看系统的"标注/笔记"导入到设备端并整合到印象笔记中。

当然，Klib 的性能还不只如此，它不仅可以做到基础的标注整理、Markdown 导出，还可以通过回顾文章上下文还原语境，方便你对书的内容进行更深度地学习，尤其是在原版书的学习中（见图 7-9）。

图 7-9　用 Klib 回顾文章上下文

关于 Klib 和 Knotes 的细节讲解文章我都在我的公众号"拾书小记"中做过详细的说明，大家可以在我的公众号回复"标注"来获取它们的相关内容。

在通过第一个思维"管理"对我们的"标注/笔记"进行修改、优化之后，我们就可以得到一个待处理的优质图书数据库。接下来，我们就需要把这个优质图书数据库推送到我们的"第二大脑"——印象笔记中，进行笔记本层面的整合了。

## ⊙ Kindle 标注 / 笔记的整合

我们都知道，不论是什么 Kindle "标注 / 管理"神器都有一个弊端——无法在移动端中使用，即使可以在移动端使用，多个应用同时运行也会让我们倍感吃力。因此，把它们都整合在一个方便随时同步并调用的移动笔记中则显得十分重要，这也就是我要给大家提的 Kindle "标注 / 笔记"的第二个维度"整合"。

如何将我们已经"管理"好的 Kindle "标注 / 笔记"整合起来呢？这时候我们就要用到一个能满足以下需求的云笔记工具来帮助我们达成这个目的：

（1）支持主流移动端，iOS/Android；
（2）同步效果好，不容易丢失文件；
（3）支持正在使用的"标注 / 笔记神器"；
（4）搜索效果好，关键词识别率高；
（5）文件层级设计清晰，有标签功能。

这时候，我们会发现印象笔记（Evernote 国内版）可以完全满足以上的所有需求，而且免费版就可以做到。这也就是为什么，我在一开始选择神器的时候就在强调对印象笔记的支持，有了它，我们的"整合"操作才能很好地进行。

我们都知道，Knotes 和 Klib 这类工具是没有移动端版本的，所以我们只能利用它们同步印象笔记的特性，来适应我们在移动端的使用场景，从而让我们时时刻刻都可以方便查看、管理我们的"标注 / 笔记"。

具体应该怎么做呢？下面我会分别就 Klib 和 Knotes 两个客户端的实际情况给大家解读具体的操作。

如何将内容从 Klib / Knotes 同步至印象笔记？

首先，让我们先谈谈 Klib 如何操作。在 Klib 中，如果我们想要导出内容到印象笔记，首先要将我们的印象笔记账户绑定到 Klib，接着再导出内容，具体可参考以下步骤：[ 进入 Klib 主界面 ] → [ 文件 ] → [ 导出至印象笔记 ] → [ 授权 ] → [ 选择目标书目 ] → [ 导出 ]。

同样地，Knotes 的操作也是类似的，步骤如下：[ 进入 Knotes 主界面 ] → [ Knotes ] → [ 设置 ] → [ 印象笔记 ] → [ 授权 ] → [ 选择目标书目 ] → [ 右键同步至印象笔记 ]。

值得一提的是，以上两款产品在同步这部分做得都非常优秀，一般而言，只需要打开软件且连接到 Kindle 就可以自动完成标注 / 笔记同步了。而经过我们的"管理"调整后，还可以进行一次手动的同步操作。

当内容被同步到印象笔记之后，我们就可以通过检索来灵活运用已经整理过的标注 / 笔记了。不过必须提醒的是，因为 Knotes / Klib 都有增量同步的特性，所以，如果我们想对印象笔记中对应书目的笔记进行调整的话，就需要直接在你的标注工具（Knotes / Klib）里面进行操作，再同步回印象笔记。

这时候我们就可以随时在我们的移动端印象笔记客户端中随时调用这些被我们加工后的信息了。在打开 iPhone 后，我开启了印象笔记，并且在笔记本组中找到了 Klib 笔记本以及 Knotes 笔记本，分别出现的效果如图 7-10 所示，这就是一个可以被我们随时运用的优质知识库了。

说到这里，加工部分就结束了。在下一节中，我将会告知大家如何运用我们现有的素材更好地进行自我提升，通过"文章""卡片""框架"以及"思维导图"等形式告诉大家如何利用这些加工后的数据源来帮助我们"输出",以便更好地吸收和运用它们。

图 7-10　iOS 客户端下 Klib 与 Knotes 的显示效果

## 输出篇

在前面三个部分中,我们从"选书""输入"和"加工"三个层面分别对 Kindle 阅读前中后期的各个环节进行了定点突破,帮大家从源头出发解决选择好书的问题,在读书过程中解决优质内容的输入问题,以及搞定阅读后对标注 / 笔记的深度加工。

在本节中，我们将把知识的"吸收和内化"作为目的，通过多种切实可行的方式告诉大家如何通过"输出"来获得真正的提升，当然实际的成效还得看大家的具体实践情况。

"输出"在"Kindle 读记流"中是最后一个环节，也是最考验我们是否真正掌握所读书目的环节（见图 7-11）。

图 7-11　Kindle 读记流——输出

我们都知道，要深入掌握一个领域的内容，光读完一本书、做做标注/笔记然后把它们丢到印象笔记中是不够的。我们还需要对它们进行更为深度的摸索，这种摸索就是"输出"，输出的过程是你进行思考的过程，也是最提升一个人理解能力的时候。在一般情况下，我们会因为没办法进行很好的输出而去恶补更多知识、看更多书，这就是通过输出来倒逼输入的学习方式，也是我比较推荐的。

既然输出这么重要，有什么切实可行的输出方式是大家可以借鉴、学习的呢？

通过我两年多在"读书-写作"活动方面的组织经验来看，输出的形式可以多元化，从文章、卡片、框架图、思维导图甚至言传身教的分享都可以，至于具体的方式，在下面的内容中我将一一为大家分享。

◉ 输出篇——文章输出

在我看来，文章输出是最能检验我们收获知识程度的一个方式。为什么呢？因为通过文章输出我们会去检查漏了什么知识，发现已有知识和自己想要达到的程度之间的差距，以此进行更多的提升。

回到我们的"Kindle 读记流"来，标注/笔记在经过"加工"后，一方面被我们储存到了标注/笔记神器内，另一方面则被我们同步到了印象笔记中。

那么，在我们准备进行文章输出的时候，应该怎样有效地从印象笔记中调取这些信息呢？相信很多人都会存在这个疑惑，在这里，我就需要介绍下印象笔记的搜索功能了。

### 如何利用印象笔记的搜索功能

印象笔记拥有媲美 Google 搜索的搜索能力，当然仅限于已建立的内容数据库。我给大家举个例子（见图 7-12）：

图 7-12　印象笔记的内容检索

前阵子我刚用 Kindle 看完丹尼尔·平克的《全新思维》，并且留下了非常多标注/笔记，在经过前面为大家说的"加工"的相关步骤后，我得到了属于我自己的《全新思维》读书笔记。那么问题来了，今天我要写一篇关于《全新思维》的输出，我应该怎么做呢？

首先，我就应该去调取我的信息。如果这时候我在电脑旁，就可以直接打开 Klib 或 Knotes 去检索需要的内容，但如果我在外面的话，印象笔记就可以起作用了。

这时候，我们就可以打开印象笔记的移动端 App（这里需要提示一下，为了确保内容是已经同步了的，大家在调取内容前最好先对已有内容进行手动同步操作）。接下来就进行调取环节。这时候，我们可以在搜索栏中键入"全新思维"，如图 7-12 所示，这时候我就可以找到之前在 Klib 和 Knotes 中被我管理并"加工"过的内容，这些信息可以随时应用于我们即将要谈的"文章输出"操作。

### 如何找到标注/笔记在原文中的页码

当然，还有一个场景，就是我们在家写作，发现对句子相关的内容记忆得并不熟悉的时候，应该怎么办？

这时候，我们可以通过 Knotes 或 Klib 显示它在 Kindle 中的页码，如图 7-13 所示。

接着，我们就可以顺藤摸瓜在 Kindle 中找到该笔记的上下文进行第二次阅读，通过这样的反复阅读来对内容进行回顾，从而获得对这本书更为深刻的理解。

寻找页码的过程为：[在阅读页面中调出菜单页] → [前往] → [页码或位置] → [键入页码] → [到达目的页]，具体可见图 7-14。

有了这层理解再去写文章自然事半功倍了。

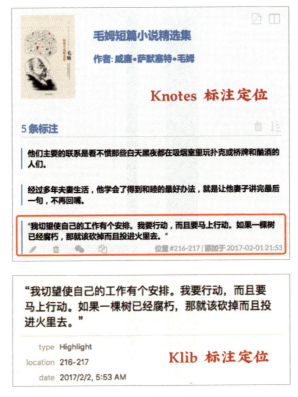

图 7-13　标注神器定位对比

**两种基于书的写作形式**

讲完了如何使用我们已加工的内容后,你是不是认为我会告诉大家如何写作呢?

当然不会,但我会给大家提供一些思路,私以为自己还没有那种能力。对于基于书的写作,就个人而言有两种方式,一种是"总结性的书评",一种则是结合大家阅历的"开放性输出"了。

至于"总结性书评"的部分,大家可以在"输入"环节中加强对作者核心观点的书摘、笔记的记录。

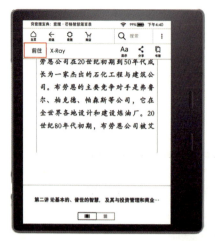
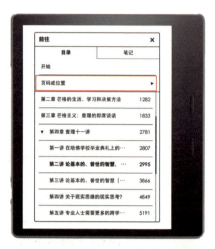
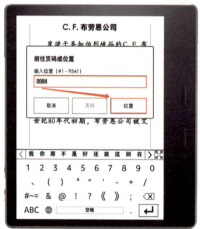
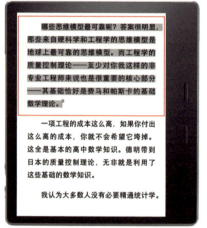

图 7-14 跳转页码

而"开放性输出"则需要更多的策略性,往往看一遍书还不够,你需要看完一遍后确认你要输出的方向,再结合这个方向去梳理书中对你输出有价值的内容以及你过往经历中能和你想要写的内容相关的信息,然后就可以输出内容了。

关于"阅读+写作"这方面的内容,大家可以来我的公众号

"拾书小记"（ID: shishuxiaoji）的后台回复"ssxj"，了解我们推出的致力于改善国民输入和输出品质的同名项目。

### 用什么工具进行输出

简单说完文章写作的基础方法后，让我们再谈谈用什么工具进行输出。

在这给大家提供两个解决方案，方案 1 是免费的，方案 2 则是付费的。以下两个方案都基于一个认知，即印象笔记可以作为我们的知识管理工具。

方案 1：印象笔记内输出。

一个比较省事的方案是，在印象笔记内建立文章输出的笔记本，然后建立具体书目的输出笔记进行内容输出是比较省事的一个方案，但由于我们的数据也是存在于印象笔记中，所以在内容调取上会有一些麻烦。如果大家可以忽视这种切换成本，印象笔记还是一个不错的输出工具。

而如果你对输出方式有更高的要求，比如排版更高效或支持 Markdown，那么你就可以考虑下方案 2。

方案 2：借助支持同步回印象笔记的 Markdown 工具输出。

目前 Markdown 的工具非常多，但我发现有一款国产产品做得特别接地气也可以满足我们几乎所有的日常需求。这款产品就是 MWeb。

通过 MWeb，我们可以快速进行内容的排版与输出，并且十分简洁。更重要的是，我们可以随时同步回印象笔记，并且还可以快速建立标签。

下面，让我们用乔纳·伯杰的《传染》作为例子，你们看到的这篇文章就是我在 MWeb 上的输出状态（见图 7-15）。

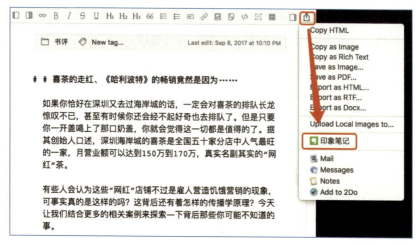

图 7-15 MWeb 同步到印象笔记

总的来说，文章输出是一种系统化的输出，能帮助我们更好地掌握所学的知识，是一次自我提升和成长的过程。这个过程也是我们查漏补缺的过程，如果这时发现自己有知识盲点，我们仍可以返回到 Knotes / Klib 中，找到对应页码并回归 Kindle 去回顾上下文。

如果记忆模糊，我们甚至可以重读这本书，从而筛选出更多之前可能没有挖掘出来的知识点，形成更多优质的标注 / 笔记，再通过增量同步完成在印象笔记端的修改，搭建更加有价值的、独属于我们的内容数据库。

谈完"文章输出"，让我们再谈谈一种基于逻辑的输出方式，我把它称为"框架输出"。

## ⦿ 输出篇——框架输出

框架输出就是我要告诉大家的第二种输出方式，这个方式简单且实用性强,相信人人都可以学会。重点是,它还可以作为文章输出的素材来源,可以说是非常有用了。

### 什么是框架输出

框架输出,即通过归类的形式将书的内容进行符合自己需求的设计,怎么理解呢?比如一本书在你手上,你可以把它分为"主干""收获"以及"书摘"等,通过整合自己的需求和已有信息来把书中的内容打碎再重组,真正做到为己所用。

如果只是用一般的记事本或者手抄的话,显然效率不高且费力。这时候我们就需要一个高效的工具来辅助我们去达成这个目标。在给大家推荐工具之前,大家不妨先想想,我们要用这个工具做什么呢,我们有什么需求呢?从我长期的观察看来,一个框架图工具要满足我们的基础需求,至少要满足下面几点:

(1)具备简单的层级设计;
(2)具备多种形式的编辑设计;
(3)具备跨平台的同步能力;
(4)支持多种输入形式;
(5)支持文件夹管理的功能;
(6)运行较为流畅。

经过我长期的观察,有个国产的框架工具就可以完美地囊括上面这些诉求,这个工具就是幕布。

### 如何使用框架神器——幕布

幕布在设计上非常简单,但功能和体验却一点都不差,支持包括网页版在内的几乎所有客户端形态,这也就是我一直都在用幕布做框架图的原因,下面我就给各位晒一下我的幕布的部分框架输出（见图 7-16）。

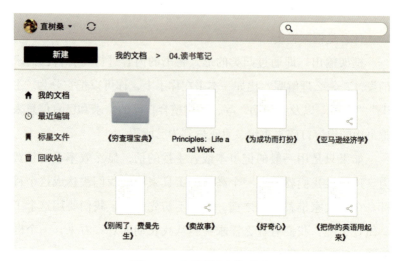

图 7-16　我的幕布框架输出

从图 7-16 我们可以看出，幕布在文件夹归类方面有着清晰的层级结构，不仅能建立文件夹，还能在文件夹中再建立文件夹，形成一个无限的层级结构，不过我建议大家保持三个层级即可，太多就比较耗费精力了。

### 用幕布完成框架输出的三个步骤

你应该还会问，既然幕布这么好用，那么我们应该如何更好地结合前面所学的知识进行框架输出呢？要解决这个问题其实并不难，第一步，我们需要在幕布中创建以我们的输出为名字的文档，接着将加工后的内容复制到幕布中。这时候有个技巧需要告诉大家一下。基于幕布按行隔断的特性，我们可以直接在 Klib/Knotes 上面选中目标的"标注/笔记"信息以 Markdown 的形式进行复制并转移到幕布中。

在大家将加工后的内容复制并粘贴到幕布对应的文档后，我们就会看到一排排整齐的标注/笔记呈现在面前，到了这里大家就完成了第二步。

第三步是"重构框架"。接着，我们可以在最前面的那个标注/笔记前面新建一个"书摘"（一级目录）并将已复制内容都放到二级目录中，如图 7-17 所示。

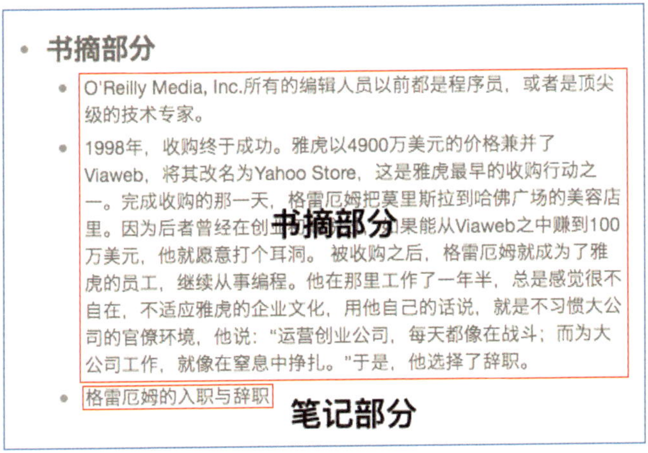

图 7-17　在幕布中新建 Kindle 书摘

当然，一个框架图里的主题绝对不止一个，不然也太不像框架图了。以我个人为例，我会在书摘前面创建"本书结构"和"我的收获"两个一级目录，这时候我们就需要在这两个一级目录下面输入二级目录的内容。

### 如何优化已搭建的框架

可以这样理解，"本书结构"其实就是我们的常用框架模板，也就是一级框架，而"我的收获"（二级框架）则是需要输入的我们对这本书的核心内容总结，它后面跟着的"三级框架"可以是具体的书摘，也可以是更多的总结，这些内容是帮助你厘清你看的这本书的主要内容或者主要结构的。

每本书的结构呈现形式都不太一样，有的直接在目录中就呈现了，有的则需要通过作者在前言或者在书中的总结获得。拿《黑客与画家》这本书来说，作者在前言中花了不少笔墨帮读者梳理这本书要讲的是什么，基于此再去梳理收获就会变得清晰一些。

我们可以很清晰地看出，在我的框架输出中，"我的收获"才是核心所在。那么，我应该如何去做好这个核心部分呢？事实上，这里面的内容和我们最开始做的加工后的内容（书摘）是直接相关的，我们需要结合自己的需求以及笔记的内容去重新确认"二级框架"的搭建，这个搭建过程又是你重新梳理本书内容的过程。

在整理的过程中，你会发现自己又开始复习这本书打动你或对你产生有效反馈的情节，从而加深了印象。因此，这个过程也是我们思维活动的过程、产生深刻记忆的过程，它非常重要，希望大家能用心对待。

需要点出的是，有些读物本身就以明显的时间线分布，因此较好归类，比如《原则》；而一些读物则非常凸显作者的个人风格，较难归类，则可以直接通过个人的总结来进行收获部分的内容搜集，如《黑客与画家》，具体效果可见图 7-18。

在经过我们自己设计或者由书中直接给出的内容进行"二级框架"的设计后，接着要处理的就是三级框架的内容。"三级框架"的内容主要是根据我们在 Kindle 中的标注/笔记的内容进行内容总结，最好可以设计成"一问一答"或者"一个总结一个解释"这样的模式。由于这部分操作可能会涉及大量的复制粘贴操作，因此建议大家用电脑进行。

值得一提的是，对于"核心部分"的内容，大家可以通过加粗或者用不同颜色的文字做出区别，毕竟幕布给大家提供了多色、可加粗的重点标识解决方案。具体的效果如图 7-19 所示。

**《黑客与画家》——保罗·格雷厄姆**

- **本书结构**
- **我的收获**
  - **应该如何定义黑客？**
  - **黑客与画家有什么关系？**
  - **如何做到有效地反击别人？**
  - **如果你想致富，应该怎么做？**
  - **如何有效地管理企业？**
  - **格雷厄姆为什么看好科技公司的前景？**
  - **格雷厄姆有什么好的经验给到创业公司？**
  - **做出用户喜欢的产品，有什么通用的规则？**
  - **不要长年累月在一个项目上不断工作。**
- **书摘部分**
  - O'Reilly Media, Inc.所有的编辑人员以前都是程序员，或者是顶尖级的技术专家。

图 7-18　《黑客与画家》的框架分解

- **黑客与画家有什么关系？**
- **如何做到有效地反击别人？**
  - **最好的一种方法可能就是幽默，**狂热分子都有一个共同点：缺乏幽默感。他们无法平静地对待笑话。
  - 另一种反击的方法就是使用隐喻（metaphor）。
- **如果你想致富，应该怎么做？**
- **如何有效地管理企业？**
- **格雷厄姆为什么看好科技公司的前景？**
- **格雷厄姆有什么好的经验给到创业公司？**
  - 首先，他鼓励创业公司快速发布产品，因为这样可以尽早知道一个创意是否可行。
  - 其次，他认为一定要特别关注用户需要什么，这样才有办法将一个坏项目转变成好项目。
  - 他说："许多伟大的公司，一开始的时候做的都是与后来业务完全不同的事情。乔布斯创建苹果公司后的第一个计划是出售计算机零件，然后让用户自己组装，后来才开始开发苹果电脑。你需要倾听用户的声音，琢磨他们需要什么，然后就去做。"
  - 所有学员刚刚来到YC的时候，每人都会拿到一件白色T恤衫，上面写着"Make something people want"（制造用户需要的东西），等到他们的项目得到风险投资以后，又会收到一件黑色T恤衫，上面写着"I made something people want"（我制造了用户需要的东西）。

图 7-19　幕布对内容识别的解决方案

我们会发现，这些被标粗的内容下面，都是一些能解释这句话的内容，也就是说，这些加粗的内容都应该可以转化成一个问题，然后下面都是这个问题的回答。按照这样的思路，我们就可以不断地生产出问题，并且找到解决方案。

有意思的是，框架是可以不断被优化的，因此我们会发现内容的主次会越来越明显，内容逐渐被一些节点连接，这个过程就是你建立整体认知的过程。

### 如何通过幕布快速制作思维导图

通过幕布，我们可以把书的内容很好地用框架的形式进行输出，可以让优质的内容更好地为我们所用，而且速度快、同步方便且不受平台限制。

但不得不说，这种形式在对外视觉的呈现上还是有一些不足的，尤其是当我们要快速将核心内容传递给别人的时候。

这就体现出思维导图的重要性了。事实上，强大的幕布也为读者提供了基础的思维导图功能。因此，在设计上，幕布也为大家提供了一个快速生成思维导图的入口（见图 7-20）。

图 7-20　查看思维导图入口

关于这个功能，我们通过幕布使用界面顶部的一个按钮就能轻松实现，点击之后得到的就是如图 7-21 所示的思维导图。

如你所见，这是一个非常简洁的思维导图架构，如果没有深度视觉体验需求的读者，到这里其实也就结束了，但如果你追求的是视觉化的输出，那么你就需要更为专业的工具来辅助你完成这个操作。

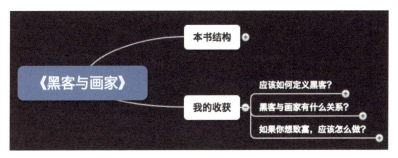

图 7-21　幕布思维导图模式

这时候我就会推荐你用专业的思维导图工具来解决问题。专业的思维导图工具不仅具有可以随意"自定义各种样式""添加图片""调整线条粗细""随意拉动层级变化"等优势，还可以更大程度满足我们对思维导图的需求。

在这几年中，我也在 Windows、macOS 以及 iOS 系统中尝试了多种顶级的思维导图工具，它们就包括大家都知道的 MindJet Manager、XMind、iThoughX 等，但最让我觉得合适的工具就是 XMind。

通过 XMind，我们可以很好地用幕布对已架构好的内容进行内容传输，还可以通过其强大且简洁的操作来使我们的输出更加个性化，可以说是一举多得。

### 如何用 XMind 完成视觉化的思维导图输出

"思维导图输出"相对于"框架输出"来说，更强调视觉呈现，需要突出的是一种重点意识，即简约而不简单。在"框架输出"

中，我们可以详尽地对内容进行逐一呈现，但是在"思维导图输出"这边，则带有更强的目的性，需要根据我们的目的进行选择性地视觉输出。

拿《黑客与画家》这本书来说，我们可能会在框架输出中把各个重点都罗列出来，但是如果把这样的逻辑换到了思维导图中就显得臃肿且没重点。

因此，我建议大家在进行思维导图输出时，参考以下几个制作原则：

（1）一般情况下，框架输出的内容可作为思维导图输出的素材（框架简单的情况下），但在框架图比较复杂的场景则不建议直接套用；
（2）清楚自己想表达的是什么，不论是一本书的主干、一篇文章的收获还是一段视频的感触等；
（3）二级目录的文字尽可能地做到精简，最好不要超过5个字。

基于上述原则进行思维导图制作会显得相对高效且有重点。那么，我们应该用什么样的思维导图工具能够同时满足"自建优质内容"和"联合框架图工具进行高效转换"呢？

在这里，我会推荐大家用 XMind，XMind 的免费功能就可以实现我们的大多数需求，比如它就可以实现我们将内容从幕布转移到 XMind。

那么，如何实现从幕布到 XMind 的转化呢？

我们拿《日常生活中的思维导图》来作为例子，在观察这本书的框架图的时候，我们会发现，它的结构是简单的，即分为三大块：思维导图的诞生、思维导图在生活中的运用以及使用思维导图的原则。

在将这个框架图转化成思维导图后（见图 7-22），我们会发现，它一方面在美观度上得不到保证，另一方面我们无法把握住内容的重点。那么，我们应该怎么做呢？

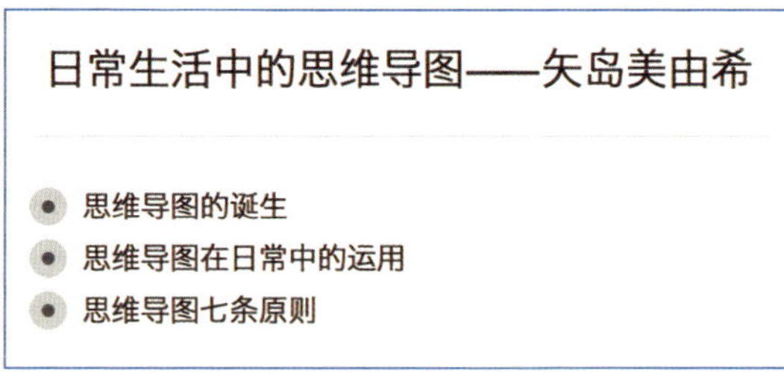

> **日常生活中的思维导图——矢岛美由希**
>
> - 思维导图的诞生
> - 思维导图在日常中的运用
> - 思维导图七条原则

图 7-22　幕布的思维导图优化——以《日常生活中的思维导图》为例

拿上面提到的《日常生活中的思维导图》举例，在将框架图转化为思维导图后，我们会发现这个思维导图有些缺乏重点，如何解决这个问题呢？

我给大家想到了一个办法，这个办法其实也是幕布的一个特性——幕布的结构图是支持二级思维导图模式导出的，也就是说，我们可以点击任意一个子主题并导出来，实现从"全局信息"到"分支信息"的转化。

举个例子，在该书的三大分支中，我们选择了"思维导图的七条原则"，那么就会得到一个全新的思维导图，如图 7-23 所示。

这时候，外观控和细节控可能会觉得，这样的图还满足不了大家的需求，大家会需要更美观的设计或者更专业的设置，那么你就可以用 FreeMind 导出⊖，然后在 XMind 上操作了。

---

⊖ 幕布自带功能。

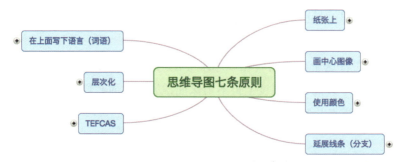

图 7-23 《日常生活中的思维导图》在幕布思维导图模式下的呈现形式

在幕布中，其二级思维导图的设计也是可以实现 .mm 格式导出的（见图 7-24）。

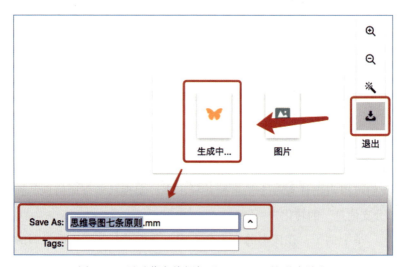

图 7-24 通过幕布将框架以 Freemind 的形式导出

将文件导出后，我们就要做思维导图工具方面的导入操作了。通过导入并进行"风格化设计"后，我们就会得到一幅全新的思维导图。除此之外，利用 XMind 的特性，我们甚至可以为思维导图设置一些可实践化的操作（通过标签、备注），这样就实现了"从读到行动"的过程。具体效果可见图 7-25。

如果你是 XMind 的 Pro（付费）用户的话，还可以将它导出为任何你想要的格式。如果一开始你是通过思维导图直接进行输出，但又想得到它的框架图，可以做到吗？

图 7-25　基于 XMind 优化后的思维导图输出方式

在 XMind 中是可以做到的，在"导出"的多个选项中，你可以选择 OPML 导出，接着通过幕布导入 OPML 文件并选中目标文件就可以完成整个操作（见图 7-26）。

总的来说，从"幕布框架输出"到"XMind 思维导图"主要分为以下几个步骤：

（1）在幕布中打开目标框架图；
（2）进入思维导图模式后单击目标分支并将其转化为思维导图；
（3）选择下载按钮并选择 FreeMind 输出，生成 .mm 文件；
（4）将已输出的 .mm 文件导入到 XMind 中；
（5）润色已导入的思维导图并进行最终形态的思维导图输出。

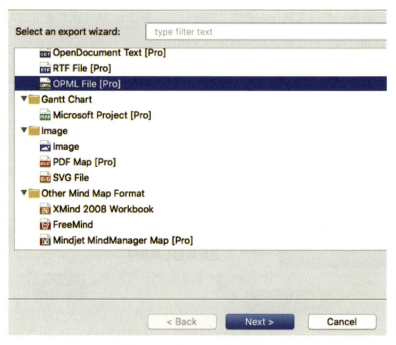

图 7-26 以 OPML 格式导出

当然，这些还不能完全作为我们选择 XMind 的理由，XMind 还有一个功能，即可以将内容同步到我们的印象笔记中，我们可以通过这个特性更好地管理好我们的作品，从而做到让自己的输出不仅"可视化"而且还能做到对信息的"轻松管理"。

内容同步到了印象笔记，就可以进行更为便捷的移动式管理了。

以上就是框架图输出部分的所有内容，在下个部分我会重点为各位谈谈"卡片输出"以及目前我非常推荐的卡片输出的方式。

## ⊙ 输出篇——卡片输出

"卡片输出"是一种非常有意思的创作方式,笔者最初发现这种方法是源自一篇关于纳博科夫的采访的文字稿。

1962年,BBC电视台曾对纳博科夫进行过一次采访,其中就有问到纳博科夫的创作方法的问题,纳博科夫是这样回答的:"我现在发现索引卡片真的是进行创作的绝佳方法,我并不从开头写起,一章接一章地写到结尾。我只是对画面上的空白进行填充,完成我脑海中相当清晰的拼图玩具,这儿取出一块,那儿取出一块,拼出一角天空,再拼出山水景物,再拼出——我不知道,也许是喝得醉醺醺的猎手。"

在这段话中,我们可以得到两个结论,结论一是,"卡片输出"本身就是一种输出。结论二是,卡片输出可以作为文章输出的素材源。

而我在这里需要强调的是,把Kindle的标注/笔记做成卡片,和纳博科夫这种索引式的卡片还是有区别的。前者是一种类似读书笔记的输出,后者则是一种相对开放的输出方式,从难度系数来说,后者会更高。

本篇内容主要是在对前者的最大化利用的前提下进行的,如果你想试试纳博科夫式的卡片输出方式,我可以给你两个建议,大家在使用的时候根据自己的需要进行二选一即可:

(1)买好合适的纸、笔;

(2)直接利用印象笔记进行输出,那边也有卡片浏览模式,可以作为无纸化输出的一个便捷操作,具体可见图7-27。

在我的印象笔记中,对于需要卡片输出的内容,我会设置一个笔记本,然后里面会放进一些我觉得有价值的卡片,在需要写作的时候就会拿出来看,里面会包括我在书中读到的一些很好的概念、相关优质的文章、读书笔记等。

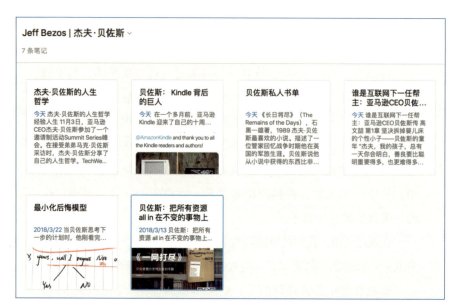

图 7-27 我的印象笔记——贝佐斯卡片

回归到"Kindle 读记流"这个方法论本身来说，当我们把那些有价值的信息都处理好了之后，剩下的无非就是把它们传输进我们的大脑，那么我们应该如何做到呢？

下面给大家介绍几个我使用过的相对有效的方法，他们都是基于记忆神器 Anki 来实现的，更重要的是，它们都没有系统限制，也就是说，你们在 Windows 或者 macOS 中都可以轻松使用。关于 Anki 这个神器的基础操作大家可以回到第 6 章查阅。

拿"读书笔记卡片的建立"来说，我们在打开 Anki 后就可以进行。单击顶部的"添加"选项就进入了"卡片制作页面"（见图 7-28）。

图 7-28　在 Anki 中添加新卡片

如上图所示,在这个新的页面中,我们需要填上它的"正面"和"背面"。

关于正面、背面的填写,全凭个人需求,比如我是倾向于将正面用作总结背面内容的问题或以一句话总结背面的内容。为此我还会通过自己的话去优化内容,如图 7-29 所示。

适当的加粗、颜色标识都是不错的重点突出形式,而 tags(标签)则是为了我们后期方便检索而设计的。

图 7-29　在卡片的正面、背面添加内容

不仅如此,我们还可以在卡片中加入图片,简单地用拖拽的形式就可以完成,最终效果可以如图 7-30 所示。

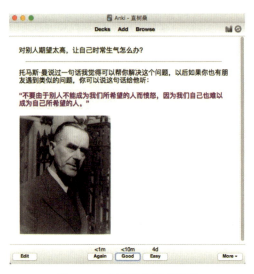

图 7-30　书摘最终呈现效果

尽管这样一张一张地建立卡片并不复杂，但对于有些标注/笔记特别多的书则会让我们陷入困境，因此在自己的长期探索下，我总结出了两个相对实用且高效的方案，定能为各位在"Kindle读书流"中增加一些效率。

它们分别是 Kindle 网页标注工具 Clippings.io 以及我提出需求并被我朋友框框实现出来的 Anki 插件 AnKindle，下面我将具体为大家说明细节。

### 方法 1：Clippings.io + Anki

Clippings.io 是一个网页端的 Kindle 标注工具，可以完成基本的 Kindle 的标注管理以及同步到印象笔记的操作，论功能的拓展以及专业度方面自然不如上面提到的两个神器 Klib 和 Knotes，但是它有几个特点：

（1）常用功能免费；

（2）没有客户端限制；

（3）可以将内容以表格的形式导出。

第三个功能对于我们制作 Anki 卡片来说非常重要，因此 Clippings.io 自然就成了 Kindle 读记流中将内容快速制成卡片的必备工具了。

使用 Clippings.io 导出主要有几大步骤，下面会分点为大家说明：

（1）Kindle 导入到 Clippings.io。

要进行这一步，我们首先要把 Kindle 连入电脑，或者将 Kindle 磁盘中的"My Clippings.txt"复制到桌面备用；

接着就可以登入网页 Clippings.io，进入后台后选择导入就会看到下面这个页面（见图 7-31）。

图 7-31　标注 / 笔记导入

这时候我们可以选择图 7-31 左侧的"Kindle'我的 Clippings.txt'"进入"上传本地文件"的页面，可以选择我们已经准备好的"My Clippings.txt"，然后你就可以看到下面这个画面（见图 7-32）。

图 7-32　标注 / 笔记导入成功

进入到这一步我们就会发现自己在 Kindle 上标注笔记的内容都到了上面，这时候我们就要进入下一个步骤了。

（2）从 Clippings.io 导出到桌面。

要将内容从 Clippings.io 导出到桌面，我们需要通过检索找到我们需要的信息，比如我想记忆《月亮和六便士》的标注 / 笔记，这时候就应该在检索栏中输入"穷查理"，如图 7-33 所示。

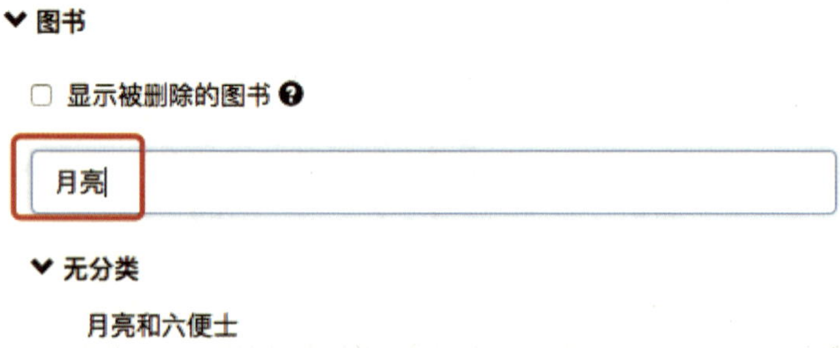

图 7-33　在 Clippings.io 中进行内容检索

很快我们就会检索到需要的书目，选定目标书目再选择导出，我们就会得到下面这个页面（见图 7-34）。

图 7-34　在 Clippings.io 中对内容进行表格导出

在下拉菜单中选择"Excel 2007"，在新弹出的窗口中选择开始，进入导出的最后一个环节。导出之后还有一步，就是下载，我们需要将内容下载到本地，如图 7-35 所示。

图 7-35　将导出的内容下载到本地

当页面显示出了"Export complete. Click the button below to download"的时候,你只要选择下载,就可以将目标内容下载到本地,至于放哪里,只要你方便哪里都可以。

到了这一步,我们就将目标内容以 .xls 的形式导出到本地。接下来,我们需要对它进行调整,以适应 Anki 对于卡片导入的规则。

(3)基于 Anki 牌组规则的调整。

在第 6 章中我们谈到过 Anki 的牌组记忆规则,即通过"正、背面"结合联想的形式形成我们对单词的记忆,除此之外,Anki 还有个标签的功能,如果我们想记忆书中的内容的话,那么这个标签则非常重要。

除此之外,Anki 只支持 csv 格式的表格导入,因此我们还需要在表格处理上增加这一需求。基于这几点,我们来调整刚刚从 Clippings.io 中导出的"标注 / 笔记"内容。

首先,我们需要打开这个待处理的 xls 文件,打开后我们会发现里面涉及的内容很多,包括书名、作者、时间、页码等(见图 7-36),但我们一开始就已经确认了,我们需要的信息只有三个,即正面(提示信息)、背面(记忆信息)以及标签(tag)。

| Title | Auth | Typ | Created | Locati | Pa | Content |
|---|---|---|---|---|---|---|
| 月亮和六便士 | 毛姆 | Highlight | 4/27/2015 11:54 AM | 21-27 | | 毛姆具有敏锐的观察力, |
| 月亮和六便士 | 毛姆 | Highlight | 4/28/2015 12:29 AM | 46-53 | | 最后想说一下小说的名字, |
| 月亮和六便士 | 毛姆 | Highlight | 3/27/2015 8:08 AM | 50-51 | | 有一个评论家曾说《人性的 |
| 月亮和六便士 | 毛姆 | Highlight | 3/27/2015 8:20 AM | 140-142 | | 思特里克兰德的最不足道自 |
| 月亮和六便士 | 毛姆 | Highlight | 4/26/2015 2:15 AM | 166-169 | | 制造神话是人类的天性。又 |
| 月亮和六便士 | 毛姆 | Highlight | 4/22/2015 10:29 AM | 173-175 | | 非常清楚,尽管人们对思 |

图 7-36 打开已导出的 xls 文件

这时候我们就要思考如何去定义这些信息了。因为大家的笔记不可能和标注一样多,我建议笔记作为正面的内容,如果没有笔记的标注则用页码来代替(方便后续的 Anki 导入操作)。当然如果你觉得烦琐,你也可以通过序号来代替。

经过调整后,我们会得到一个新的、简洁的表格(见图 7-37),但必须注意的是,顶部的内容(表头)也需要删去,否则它们也将被读取。这时候我们再核对一下内容的准确性:

- 第一列是笔记/页码/序号(正面);
- 第二列是正文内容(背面);
- 第三列是书名(标签)。

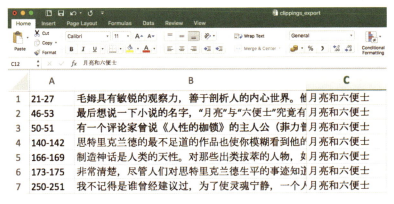

图 7-37　调整表格信息至匹配 Anki 版本

进行到这一步后,我们就需要将表格重新保存为 csv(Anki 支持的导入格式),如图 7-38 所示,可重命名为较有识别性的文字(书名)。

存储后,我们就会得到一个全新的文件。

(4)Anki 牌组的批量导入。

进行到这一步后,我们就要打开 Anki,在菜单栏中找到导入按钮（[文件]→[导入]）并单击进入选择页面，选择好我们设计完的文件后就会进入 Anki 的导入设置页面（见图 7-39）。

图 7-38　将表格另存为 csv 格式

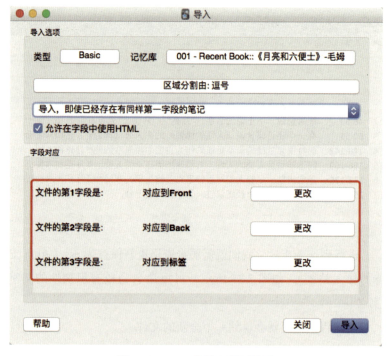

图 7-39　Anki 的导入页面设置

这时候我们会发现一些核心选择，其中类型方面我们选择基础（basic）就行了，记忆库则可选择我们新建的库，在字段对应部分我们需要确认对应的内容和我们做的表格是否一致，如果不对的话则需要调整下排列顺序。确认信息没问题后，我们就可以单击导入选项。

只要操作没有失误的话，我们就会看到导入成功的结果，并告知添加的笔记数量见图 7-40。而如果过程中出现操作失误，比如说在复制页码的时候出现重复的情况，我们就会得到重复信息的提示。

图 7-40　Anki 导入成功所呈现的信息

导入动作完成后，记得同步一下数据，接着就到了最后的学习阶段了。

（5）在学习中不断调整、优化。

这里说的调整，就是对我们已导入的内容进行提示层面的调整、优化，比如我们原来写的笔记你觉得作为提示并不合适，或者不利于你进行联想的话，你就可以继续调整。如果原来写的序号或者页码不对的话就更不用说了，必须改！

那么，应该如何操作呢？这个在电脑上和手机上都可以操作，下面我用电脑上操作作为引子，给大家做个示范。如图 7-41 所示，我们随意打开一个卡片，看到了正面和背面的信息，原来我在 Kindle 记的笔记是"21-27"，这是当时非常随意的记录，现在觉得这个提示不严谨，想调整一下怎么做呢？

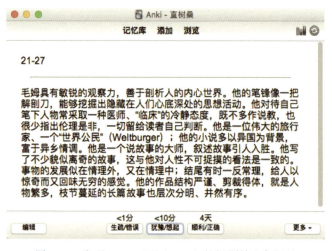

图 7-41　发现 Anki 正面（Front）的问题并准备调整

如果要对"正面"或者"背面"进行调整的话，我们只需要单击页面的左下角的"编辑"选项，然后就会得到图 7-42 这个页面。

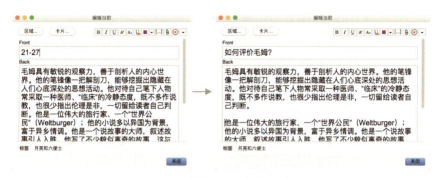

图 7-42　优化 Anki 卡片的过程

对于正面内容的优化，其实有很多种方法，至于用什么方法，就看你是打算怎么用这些卡片了。根据我和朋友的经验，正面的内容不仅可以是你对标注部分的理解，也可以是你对标注部分的概括，你进行正面部分内容生产的过程，就是你的思维能力提升的过程，这一步非常重要，希望大家都能好好去完成。

比如在调整这张卡片的时候，我就想到一句话可以更好地总结这个标注内容，于是我把原来的"21-27"调整成了"如何评价毛姆？"，于是就有了一张全新的卡片。

经过这样一系列的操作之后，我们就完成了一张卡片的最初状态的制作。在以后的学习中如果觉得有更好的概括还可以继续修改，图 7-43 就是学习状态下的卡片正面、背面情况。

当然，这并不是一个结束，我们在日后的学习中还可以不断对正面进行调整、提升，最终迭代出最方便我们内化的卡片。通过抛砖引玉，其他的书也都可以按照这种方式去优化卡牌。

根据间隔重复的原理，定期去翻阅这些卡牌，你将会收获很多启发，尤其是在你需要写作的时候。换句话说，"卡片输出"是"写作输出"的很棒的内容源。

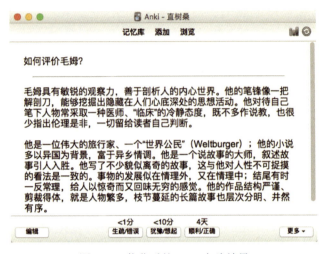

图 7-43　优化后的 Anki 卡片效果

**方法 2：AnKindle+Anki**

听了上面的说明，相信大家对"卡片输出"已经有了一个基础的理解，但你一定还会觉得有点复杂了。那么，是否有一个好的办法能够做到上面的点，又可以更简单地完成这个操作呢？

答案自然是有的，我在这部分中就会为各位细细道来。

如果在过去，我可能要给你否定的回答，但是付费版的 AnKindle，即 AnKindle+ 给大家带来了"标注/笔记"的导入功能，并且还支持批量操作，很好地简化了大家导入标注的方式，可以说是所有喜欢卡片记忆的读者的福音，如果你对快速制作 Kindle 卡片有需求的话则可以考虑选择该方案，下面我就告诉大家应该如何操作。

第一步，安装插件。

这时候我们应该打开 AnKi，如果你没有 AnKindle 的话，你需要进行如下操作：［工具］→［插件］→［安装插件］，在弹出的窗口中输入代码"1016931132"后点击"确定",等待安装完成后重启 Anki。

第二步,打开插件。

重启完之后,我们会发现工具栏下面多了个选项,那就是"AnKindle+",单击"AnKindle+"后我们又会看到两个选项,其中一个就是"生词",我们在第 6 章也已经讲过了。而另一个就是我要为大家讲的"标注/笔记导入"了。

在进行标注/笔记导入之前,我们需要将 Kindle 连入电脑,接着按下"标注导入"的选项进入标注导入界面。这时候我们点击图 7-44 中的框选区域,就可以读取 Kindle 中"标注/笔记"的内容了。

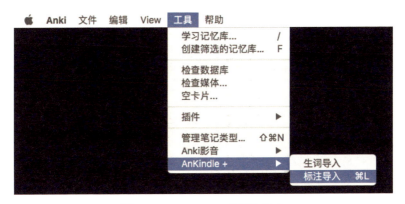

图 7-44　AnKindle+ 的标注导入

如图 7-45 所示,在读取 Kindle 的标注/笔记内容后,我们将得到这样一个全新的使用面板。

第三步,操作指南。

到了使用面板这一步就进入了方法 2 的核心部分,我会通过详述各个部分的功效来为大家解读这部分的使用,具体可见图 7-46。

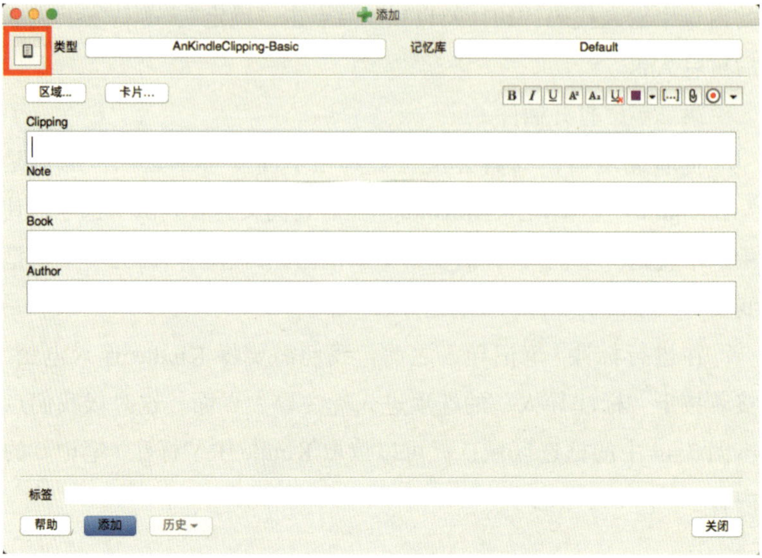

图 7-45　AnKindle+ 的导入入口标志

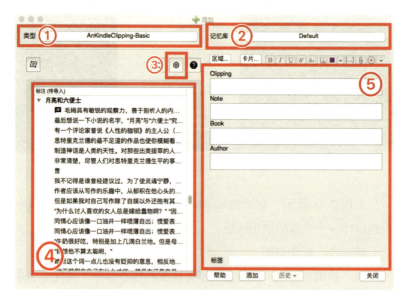

图 7-46　AnKindle+ 的标注 / 笔记导入界面说明

在使用这个面板前,我也会再给大家做一下解释:

(1)卡片类型。"卡片类型"即卡片的展现形式,你可以将其理解成一键排版的工具,AnKindle 为大家准备了两套模板,分别是"Basic"和"Cloze",分别对应了"基本模式"和"填空模式"。当然,如果你不喜欢 AnKindle 自带的样式,你也可以选择系统自带的"Basic"或者你自制的模板,以大家的最佳体验为先。

图 7-47 就是我为大家展示的现有模板。

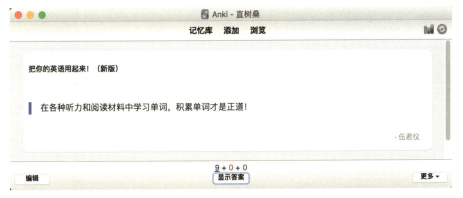

图 7-47　AnKindle+ 的默认卡片模版

(2)记忆库。很简单,记忆库就是我们存放卡牌的地方,可自行建立也可以直接用默认的。

(3)设置。AnKindle 给我们设计了一个可以更快速进行内容导入的方式,即通过建立个人模板来达成。

如图 7-48 所示,我们可以在点击"设置"按钮后弹出的新界面中建立属于我们自己的个性模板。

其中图 7-48a 的"+"号代表创建新的模板,"-"则代表去除某个模板,我们在图 7-48b 键入需要的信息即可。

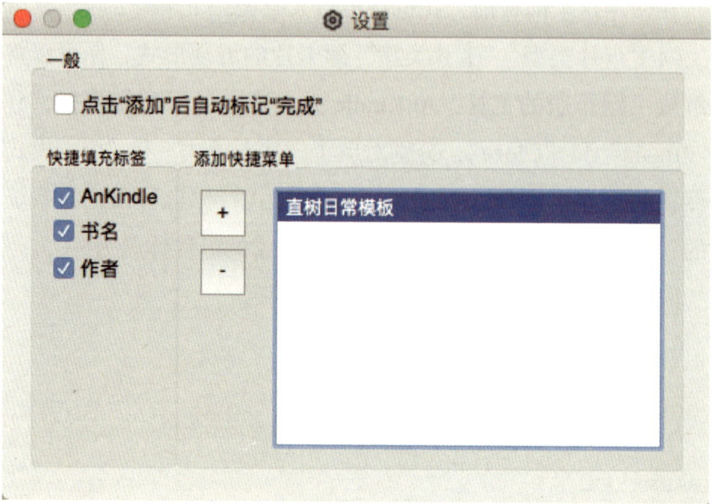

a)

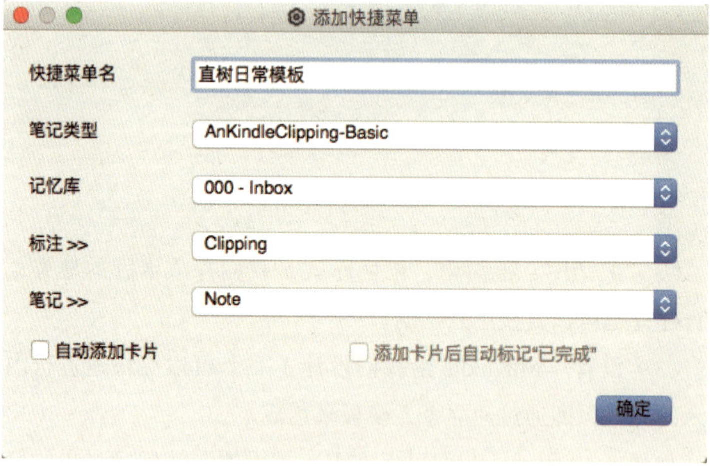

b)

图 7-48 建立 AnKindle+ 的快速模板

完成这部分操作后,退出到导入界面准备进入导入操作,通过个人模板我们可以实现单本书的批量导入效果。

如图 7-49 所示，我们可以长按鼠标左键滚动滑轮进行目标标注/笔记的选择，选择完毕之后点击右键选择我们的模板，然后点击"添加"则完成了"批量导入"的操作，导入效果如图 7-49b 所示。

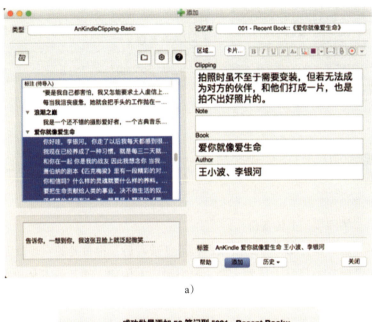

a)

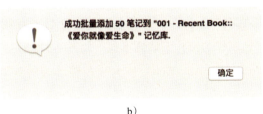

b)

图 7-49　AnKindle+ 的标注批量导入过程

（4）信息栏。如果我们不采用个人模板的话，则可以采用手动导入的方式，通过点击右键来输入我们想要的信息，并且可以随时调整内容，而"信息栏"在这时候就充当了一个可视化的窗口，方便我们更好地调整卡片信息（见图 7-50）。

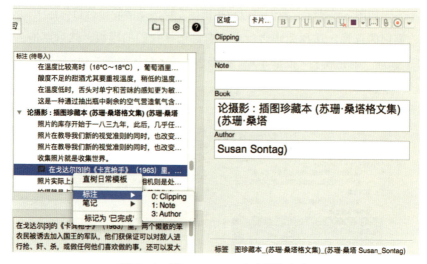

图 7-50　用 AnKindle+ 手动制作卡片

第四步，上传备份。

这一步是重点中的重点，在信息录入后，很重要的一步就是将已建立的信息上传到云端，记得是"上传到云端"而不是"覆盖本地"哦！

而在其他端口（手机、平板电脑等）开启卡片则需要通过 AnkiWeb 将已制作的卡片下载到本地。如图 7-51 所示，一定要选择"Download from AnkiWeb"！卡片在移动端的效果如图 7-52 所示。

第五步，不断优化、输出。

同步完信息后就进入了最后一个部分，那就是不断地对内容进行优化和输出。

和方法 1 类似，我们应该把"建立卡牌"当作一个开始，努力做好后面的操作才是重头戏，希望大家都能在不断优化卡片的过程中收获成长。

图 7-51　在移动端将已更改的内容从 Ankiweb 上下载下来

图 7-52　移动端的最终卡片效果

## 本章小结

最后,让我们再重新回顾一下"Kindle 读记流"的整个流程(见图 7-53):

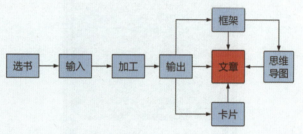

图 7-53　Kindle 读记流(完整流程)

(1)带着明确的目的和需求去选书并通过相关网站进行内容筛选,建立"目标书单"并对书单进行优化;

(2)通过"一个思维""三个技巧"和"两个意识"对 Kindle 上的所选读物进行阅读,将核心内容进行标注/笔记操作;

(3)通过 Klib、Knotes 等标注笔记神器对 Kindle 的标注/笔记进行加工;

(4)将加工过的标注/笔记通过标注/笔记工具(Klib 或 Knotes)同步到印象笔记中备用;

(5)进行一次系统性的输出,遇到记不清的知识点就返回到 Kindle 中进行内容回顾,直到输出一篇自己满意的作品。作品的形式可以是文章、卡片、框架或思维导图,在这个过程中将书里的知识内化成你自己的东西。

以上就是本章的所有内容,这部分是本书的核心部分,希望大家都能好好地去实践学习,通过不断的学习,你一定能收获想要的一切。

第 8 章
CHAPTER 8

# 答疑时刻

关于 Kindle 功能的答疑

关于 Kindle 读记流的答疑

提升 Kindle 使用率的小方法

虽然笔者已经用了 8 章来给大家讲述自己对 Kindle 的理解，不论是使用技巧，还是读书方法论，可以说已经非常全面了，但我还是发现了不少盲区，也就是一些大家平时会问我的问题，这里我打算挑选一些有价值的问题，一并给大家做一次回答。

以下内容均来自知乎问答 / 私信、少数派课程 / 私信、简书留言 / 简信、大象学院课程评论、拾书小记公众号的读者留言等，为了方便大家查阅，我对这些问题进行了优化，还特地分了类，分别针对 Kindle 功能、Kindle 读记流以及我个人提升 Kindle 使用率的小方法三个部分为大家进行内容的阐述。

## 关于 Kindle 功能的答疑

Q1：请问，如果我想在 KPW2、iPhone、Mac 三个设备之间将标注 / 笔记同步，是否可以做到？

直树桑：相信不少 Kindle 用户会觉得做到这一点是理所当然的，而事实并非如此，但经过一些操作，也是可以在理论上做到的，下面我会简单给大家说明一下。

事实上是这样的，Kindle 的设备端、iOS 的移动端以及 macOS 的电脑端在阅读同步上（阅读进度）是打通的，但题主的问题其实是在于标注的同步。在标注同步上，这三者的确也是打通的，但是会存在一个问题，即我们无法把在 iPhone、iPad 或桌面做的标注内容直接写入 My Clippings.txt 中去，也就是说，虽然标注痕迹是同步的，但是内容无法同步，即 Kindle 和其他设备的 Kindle App 在标注内容输出上是独立的。

所谓"理论上做到",意思就是我们可以把带有 Kindle 标注 / 笔记的内容导入到标注管理工具,再基于该工具的特性导入 Kindle App 的内容,实现操作端的整合同步。

这是一款叫 Klib 的标注管理神器,事实上我在第 7 章的时候就为大家谈过 Klib 的基础用法。至于跨设备同步这部分,我们就可以利用它强大的导入能力了。

你们需要做的操作就是将笔记文件导出为 html 文件,再打开 Klib,通过"[ 文件 ] → [ 从 Kindle 导入 ]"即可实现对内容的管理,不论是 iOS 系统还是 macOS 系统都可以做到。

Q2:Kindle 自带的输入法太慢了,请问 Kindle 是否可以安装输入法?可以调节为九宫格的输入模式吗?

直树桑:输入法问题一直是 Kindle 的硬伤,尤其是那些习惯在手机、机械键盘上飞速敲击的读者朋友们。从目前来看九宫格的输入方式还没办法实现,我们只能一方面期望未来 Kindle 的技术团队能有针对性地进行固件更新,另一方面则可考虑用其他办法来解决。

有什么办法呢?我的思路是通过 Kindle App 以及"简洁笔记 + 标注 / 笔记工具"来解决,下面给大家分享一下:

(1) 本方法只适用于使用 macOS 系统的用户,用 Kindle 的 iOS 或 macOS 应用来做笔记,然后用 Klib 进行标注管理;
(2) 在 Kindle 中只标注不做笔记,或者只做简洁的且有助于自己拓展的笔记,然后及时将标注信息通过 Kindle Mate、Klib 或 Knotes 同步好并在上面操作即可。

Q3：如何在 Kindle 中实现图书的批量删除？

首先可以确定的是，这个想法是可以实现的。不过有两种情况，一种情况是书籍在云端，另一种情况是书籍已经下载到了本地。

对于书籍在云端的情况只有一个方法，就是登入亚马逊后台的"内容管理"部分，步骤为：[ z.cn ]→[ Kindle 商店 ]→[ 管理我的内容 ]（见图 8-1）。

图 8-1　z.cn 批量删除

通过勾选已有读物进行上限为 10 的批量删除，如果个人文档过多，读者可能比较吃力，但是也是没有更好的方案。所以如果可以的话，不要在个人文档上囤积太多无用的内容，有的话也务必及时清理干净。

对于书籍已经下载到本地的情况，方法比较简单且可以直接在 Kindle 上处理，流程如下：［设置］→［设备选项］→［高级选项］→［储存管理］→［手动删除］→［电子书 / 个人文档］→［勾选删除］（见图 8-2）。

图 8-2　批量删除（不可逆）

这两种删法还有另外的区别，在 z.cn 中，我们删除任何一本书都会收到一个确认是否删除的提示，且支持单页批量删除；而在Kindle中则不支持批量删除，也不会出现删除提示，这些都是大家平时操作时需要注意的地方。

Q4：Kindle无法连接Wi-Fi怎么办？

直树桑：这个问题的确是很多Kindle用户在日常会遇到的问题。总的来说，有以下3个原因，我直接为大家附上解决方案。

（1）路由器的信道数值设置错误。

这种情况普遍存在于一般的电子设备，包括手机，这时候你只要登入路由器的默认地址，即192.168.1.1、192.168.0.1，然后找到"无线设置菜单"，变更一下"信道数据"就好。Kindle支持的信道范围是：1～11，如果超过了这个范围就搜索不到Wi-Fi了。如果这个方法不能解决的话，你还可以试试下面这个方法。

（2）路由器的频段设置错误。

Kindle支持IEEE 802.11b/g/n（2.4GHz频段）传输规范，支持WEP、WPA和WPA2安全连接。目前，常用的Wi-Fi路由器有2.4GHz和5GHz频段，而Kindle支持连接2.4GHz的Wi-Fi网络，无法连接5GHz的（一般在300M以上的路由器设置中可能出现5GHz），可以在路由器中完成频段的更改设置。

如果以上两个方案都不能帮你解决问题的话，可以试试下面这个撒手锏方案。

（3）终极解决方案。

有时候我们改变了信道还是解决不了问题，这时候我们就需要试试另外一个方法了。怎么操作呢？其实也很简单，只需要按以下步骤操作即可：

① 在你的PC中新建一个名为"WIFI_NO_NET_PROBE"的

无格式文件；

② 将 Kindle 连接到你建立上面所提文件的 PC 端并将该文件拽入 Kindle 的根目录中；

③ 断开 Kindle 后重启即可。

Q5：有文件存到了百度云，可以用 Kindle 直接下载吗？

直树桑：其实的确可以利用测试浏览器来实现这个操作，但因为该过程还是有点复杂，所以不是特殊情况不做推荐。那么应该如何操作呢？

图 8-3　开启完整版的百度模式

（1）打开 Kindle 点击右上角的菜单并在弹出的菜单中选择体验版网页浏览器；

（2）在浏览器中键入 m.baidu.com 并回车（见图 8-3）；

（3）在弹出的百度首页中点击完整版；

（4）登入；

（5）在浏览器中键入 pan.baidu.com 并回车（见图 8-4）；

（6）找到自己要下载的电子书并下载到本地；

（7）在主页中打开，结束。

图 8-4　测试浏览器应用（百度云）

除此之外，在使用体验浏览器的过程中，我们有的时候我们还会遇到"证书无效"的情况，这时候只要点击"确认"就可以啦。

注意事项：不建议在测试浏览器下载 Kindle 本身就不支持（参考个人文档支持的内容格式）或者内容过大（超过 10M）的文件，否则都有可能导致失败。如果成功下载到本地的话，系统会给你一个提示，否则则为失败。

最后再次强调，我并不建议使用这个方法，之所以提到，是因为网络上很多人都对这块有所疑问，所以就干脆一起说了。之所以不推荐是因为它一方面无法将内容存到云端，另外一方面也比较费时间，毕竟是测试网页浏览器嘛。

**Q6：是否要越狱、刷系统？**

直树桑：以上两种提升设备性能的方式我都不推荐，原因有二。

（1）每个人的精力都是有限的。

很多人花了很多时间去刷系统、越狱，到了最后没有得到自己想要的效果反而让自己失去了读书的快乐。因此，与其花那么多时间去研究这些技术，不如花时间去掌握更多有效的阅读方法，帮助自己多读些书。

（2）我们的时间也是有限的。

如果你也是一个刷过机的读者，你一定清楚，每次 Kindle 固件更新都会让我们刷的系统失效，因此，如果想要刷机后的效果的话，我们又要等待"资源"出现，再重新装上。这个过程中消耗的时间是不用多说的，还是建议大家回归阅读的初心，利用这些时间多读点有价值的书。

关于更多用 Kindle 阅读的方法，大家可以参照第 7 章的"Kindle 读记流"。

**Q7：卡屏了怎么办？**

直树桑：不论是什么电子设备，用久了总会有各种卡的问题，更有甚者就是卡屏了。

Kindle 也不例外，如果我们平时只是往里面囤积各种盗版读物，设备型号又较为陈旧的话，就很容易出现这种突然卡屏的状态。

一般性的卡屏通过连接电源、单击开关机等形式就可以解决，如果简单操作没办法恢复设备，我们就应该使用一个更为有效的处理方案，那就是长按开关键40s，之后我们就会发现设备进入了重启模式（见图8-5）。

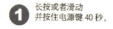

图8-5 卡屏解决方案

Q8：掉电快怎么办？

直树桑：掉电快一直是Kindle被吐槽的点之一，除了大家可能都知道的没关Wi-Fi（没开航班模式）、长期打开测试浏览器模式以及休眠套本身质量问题导致的休眠故障等原因外，还有一个非常致命的原因——卡索引。

说起卡索引，很多Kindle"小白"肯定就开始一头雾水了。今天我就给大家科普下什么是卡索引，以及如何解决卡索引带来的问题。

大家可以把索引理解为Kindle为了帮助大家更准确且更快地对电子书的相关信息进行检索所做的内容编排行为，而卡索引就是卡在了这个过程的意思，处于卡索引状态下的Kindle处于一种无法撤销也无法进行的状态，因此将会对机身造成大量的电量损耗。一般来说，这种情况大多出现在大家一次性拷贝大量文件进 Kindle 后。

如果你想知道自己是不是真的卡索引的话，只需要在 Kindle 的搜索输入框中输入一些无意义的符号（如 &@！）然后开始搜索（见图 8-6）。注意，这里要选择"在所有位置搜索"。如果出现"尚未就该内容编织索引"那就是卡索引了，如果出现"未能在图书馆和商店中找到结果"就说明没有卡索引。

那么，我们应该如何解决这个问题呢？

图 8-6　卡索引

其实 Kindle 官方就给了我们一个解决方案。原理就是对 Kindle 文件重新编排顺序，也就是进行索引操作。为了不影响正常阅读，建议将以下操作安排在我们不使用 Kindle 的状态下进行，比如睡前。

以下是具体的操作（以 Windows 系统为例）：

- 将您的 Kindle 连接到电脑；
- 显示系统隐藏文件；
- 在计算机中打开 Kindle 分区，然后打开系统文件夹 System；
- 在 System 文件夹内打开搜索索引文件夹 Search Indexes；
- 在 Search Indexes 中选择所有文件并移动至回收站；
- 断开 Kindle 与电脑的连接；
- 连接 Kindle 到电源保持充电。

请您在晚上的时候，让 Kindle 保持充电状态，然后在第二天早上拔掉电源，使用一段时间，观察一下电量消耗的情况是否有所改善。

如果上面的办法还是没能帮你解决到问题或者你觉得太过复杂，还可以尝试一些网友尝试的方法。

待验证方法 1：通过持续搜索完成索引建立。

网友 A 在发现卡索引后便开始在搜索栏持续输入无意义词汇，系统会显示"内容尚未索引的数量"在持续减少，直到消除问题。

待验证方法 2：通过磁盘直接删除文件。

网友 B 在发现卡索引的问题后就将 Kindle 连接进了电脑，然后将 Documents 文件夹里的图书文件以及对应的 sdr 文件也一并删除，操作完毕后重启设备（见图 8-7）。

当然，如果你解决了当下的卡索引问题，还要考虑到日后会不会再有卡索引的情况。因此，我建议大家遵循以下几个使用原则：

图 8-7 对应 sdr 文件

（1）尽可能减少磁盘传书的使用，而选择用邮箱传书这样的可储存于云端的传书方式；
（2）尽可能在亚马逊购置正版电子书，减少各种大 pdf 文件的使用；
（3）保证读物来源格式的正规性，不是十分必要的情况下不要随意使用网络下载的图书资源。

Q9：是否要贴膜？

直树桑：很多读者延续了手机、平板电脑的习惯，也开始给 Kindle 贴起了膜。更多的读者是受到一些无良商家的鼓吹，于是索性就买了膜。花钱不说，还显著降低了阅读体验，可谓得不偿失。

听到这儿大家应该就知道我的观点是什么了——坚决不贴膜。为什么不贴呢，贴膜不是可以保护屏幕不被刮花吗？不不不，我们几乎可以不需要担心 Kindle 的屏幕被刮花的问题，因为用手指滑动是很难擦出明显痕迹的，即使擦出了也很难影响我们日常阅读。但是保护屏幕是非常必要的行为，因此我们可以用休眠套等方法进行保护，而一般的贴膜一方面会影响我们日常阅读翻页的滑动手感，另一方面反光的劣势也会使许多日常的场景变得不适宜阅读。

因此，我不建议大家贴任何性质的膜。

Q10：Kindle Oasis 2 的黑白模式好酷啊，怎么打开呀？

直树桑：目前这个模式只有 Kindle Oasis 2 和最新上线的 Kindle Paperwhite 4 可以用哦，打开方式是"［点击右上角菜单］→［设置］→［辅助功能］→［黑白调换］"。

单击"关闭"即可完成开启的操作（见图 8-8a），打开状态可见图 8-8b。

a)

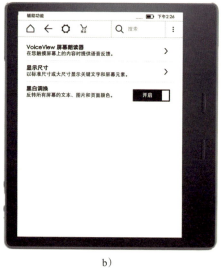
b)

图 8-8　黑白调换模式开启（以 KO2 为例）

而打开后的效果则如图 8-9 所示。

夜晚阅读体验还可以，白天就不建议采用该模式了。黑白模式是 Kindle 给深度体验用户的一个有意思的尝试，让我们在阅读上也可以有更多趣味性的体验。

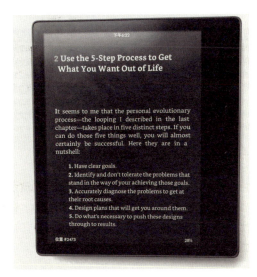

图 8-9　黑白模式效果图

Q11：导入标注到 Kindle Mate 后标注的顺序有些是错的,不是按照 Kindle 里面文章的标注顺序。例如在 Kindle 文章里标注 a 在前,标注 b 在后,同步到 Kindle Mate 后会出现标注 b 在 a 的前面,不知道是什么原因造成的?

直树桑：这个问题相信很多读者都会遇到,它包括两个场景,标注管理场景和标注导出的场景。

在标注管理场景中,读者只需要在顶栏对应点(位置栏)单击一下即可改变目标内容标注的升降序情况(见图 8-10)。

而如果是导出场景的话,就在顶栏单击"选项",选择"自定义标注笔记复制与导出格式"或"自定义生词本复制与导出格式"选项并进行对应选择即可完成导出前的标注升降序的管理操作(见图 8-11)。

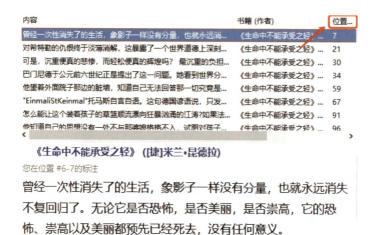

图 8-10　Kindle Mate 的降序调节

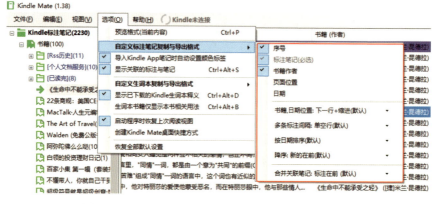

图 8-11　Kindle Mate 的自定义标注笔记导出格式设计

Q12：Kindle Mate 没有 Mac 版吗？ macOS 用户怎么办？

直树桑：到目前为止，Kindle Mate 的确还没有 macOS 版本。

因此，使用苹果电脑的读者朋友们要用这款软件就要另辟蹊径了。笔者也是一个苹果电脑用户，我是怎么用 Kindle Mate 呢？

我的方法是用虚拟机。虚拟机的强大之处就在于它可以模拟出一个完整功能的计算机硬件系统，这样的话可以尽可能地降低对机身资源的占用，也能满足日常我们使用 Kindle Mate 的需求。我是通过 Parallels Desktop 搭乘 Win10 系统来运行的，总体流畅度还不错。

当然，目前虚拟机工具非常多，大家也可以选择其他的虚拟机工具代替。

## 关于 Kindle 读记流的答疑

Q1：标注同步到印象笔记或 MWeb 这类软件后排版可能会有些混乱，尤其是标注/笔记很多的情况下状况更为突出，这时候我们有什么技巧再去对它们进行整理、提取重点、总结等二次加工呢？

直树桑：对于题主这个问题，我可以进行一个转化，即"当标注笔记过多的时候，如何更好地对这些信息进行加工"。

它的前提是你已经标注过多了，并且没有太大的条理性。那么，我会建议你先树立自己的加工原则，就个人而言有以下几点，你也可以优化成自己的原则：

（1）这个标注以后是否有引用的机会；
（2）这条笔记是否可以在完善后变成某篇文章的论点。

有了自己的标准后，你会发现基于这样的原则去梳理内容会变得更具思考性以及更加高效。

除此之外，还需要确认自己使用的工具与自己的需求的匹配度。什么意思？如果你注重视觉体验、喜欢更为干净的界面，那么其实我们过往提及的几个标注神器都有相应的解决方案。以下三个产品的操作都适合对已按上述原则处理过的内容进行最后整理，我具体和大家说说。

（1）Kindle Mate

Kindle Mate 是不能导出 Markdown 文件或者直接转存的，因此需要有个导出到桌面再复制到印象笔记的过程，具体操作为：[选中已整理的书目]→[以 txt 导出]→[复制]→[粘贴到印象笔记新建的笔记本]。

（2）Knotes

Knotes 可以直接进行同步印象笔记，或者单本书同步印象笔记，但是会有个预设设计，这个预设设计如果在标注比较多的情况下可能没有想象中的那么美观，因此我会给对这部分比较介意的读者提供一个解决方案，思路类似，但是不需要进行多余的导出动作，具体操作为：[选中已整理的书目]→[点击右键]→[复制 Markdown 到剪切板]→[粘贴到印象笔记新建的笔记本]，如图 8-12 所示。

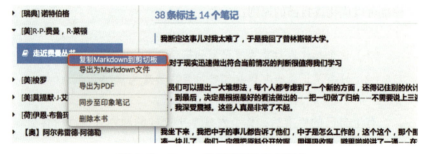

图 8-12　Knotes 的图书标注复制操作

### (3) Klib

Klib 在这三者中是最为简单的,直接导出到印象笔记即可,还支持增量同步,具体操作如下:[选中左上角文件选项] → [导出至印象笔记],如图 8-13 所示。

图 8-13　Klib 的图片标注导出操作

因此,我的思路就是用原则来指导加工过程,用简化工具显示效果来达到清新的标注/笔记呈现效果,希望可以帮到你。

## 提升 Kindle 使用率的小方法

### ◉ 你要更理解 Kindle 的运作原理

要了解 Kindle 的运作原理,就要先了解下"电子墨水屏",尤其是"电子墨水"的概念。

"电子墨水",事实上是一种技术,英文名叫 E Ink。这个技术最早可以追溯到 20 世纪 70 年代,先是在日本有了动静,不过没有得到很好的发展。

直到 20 世纪 90 年代,电子墨水在美国麻省理工学院媒体实验室(MIT Media Lab)的研究下才有了突破性的进展,公司化后

（E Ink 公司）的他们开始了全面的电子墨水技术的开发并服务于各大品牌方，比如 Kindle、Kobo。

E Ink 技术的应用非常广，除了大家熟悉的电子阅读器外，还有掌上电脑、显示屏甚至是手机上都可以看到它的身影。

E Ink 技术的原理如图 8-14 所示，它实际展现的是一种电泳技术，即通过微小的胶囊内嵌带有负电的黑色颗粒和带正电的白色颗粒从而形成电子墨水。

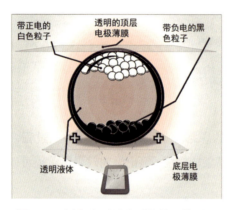

图 8-14　黑白电子墨水系统的运作原理

电子墨水屏就是在两个基板涂满上面提到的电子墨水从而在显示屏中进行或黑或白的成像。

这个成像过程也可以解释为什么你的 Kindle 在阅读的时候画面是静止的——两种颗粒在正负电场的作用下开始运动，在形成画面后停止运动，从而形成静止的画面。

基于这样的特性，E Ink 拥有了一些特点：

（1）接近纸质书的质感，尤其是在白天。在强光下它也可以让我们轻松阅读，而同样的效果在手机、平板电脑这种

TFT 屏幕的设备上是很难实现的。
（2）符合阅读习惯，在阅读过程中无闪烁，翻页方便，适合进行长时间的阅读。电子阅读器本身的轻盈设计也让我们拿着不累，装着不占地方。

理解了 Kindle 的运作原理以及特性，你大概就很难拒绝和这样的神器经常"交流"了。

## ⊙ 给自己的 Kindle 加件"外套"

这里的"外套"指的是休眠套，休眠套区别于一般的保护套，因为它可以让我们的 Kindle 实现快速休眠，即能够省电。在另外一个层面，它的图形、材质都有很强的可定制化的特点。

从这个层面来说，休眠套毫无疑问是提升我们 Kindle 使用率的神器，一个颜值高、有质感且特别的 Kindle 休眠套能无形中让我们腾出更多的时间给它，用它来读更多的书。

笔者就和朋友愚木混株做了几款原创的休眠套，当你看到这本书的时候可能它们已经售罄了，如果你想确认是否还可以买到，可以在我的公众号"拾书小记"（ID：shishuxiaoji）后台回复"休眠套"确认一下。

## ⊙ 一杆笔就能提升一点幸福感

可能很多人都不知道可以有 Kindle 搭配电容笔这样的操作，其实电容笔的优点颇多：

（1）价格不贵却很耐用，笔者有一根电容笔就花了十块不到，却用了四年依旧坚挺；

（2）实用性强，若在家还可以配合立式托架进行脱离手的阅读；

（3）让双手换一个姿势阅读，降低长期阅读时手指的酸楚感。

当然你要选择能支持 Kindle 的电容笔，否则也有可能买到不能用的。因此，和卖家的交流过程就显得尤为重要。根据材质、长度、设计的不同，Kindle 电容笔的网络售价从几元到几十元都有，没有到达 Apple Pencil 那种大几百元的价格（见图 8-15）。

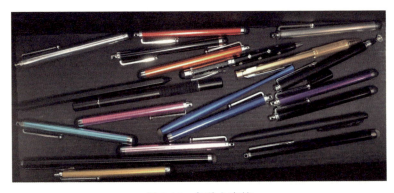

图 8-15　各种电容笔

总的来说，我觉得备用一根电容笔还是十分有必要的，你会在不经意间发现它的好，然后感觉太晚才开始用，这点就像认识一个相见恨晚的人一般。

## ⦿ 尝试搭建自己的知识管理系统

很多人不太使用 Kindle 的一个很大的原因是，自己很难建立和 Kindle 之间的联系，这种联系其实就是从"输入"到"输出"

的逻辑。事实上，这部分内容我已经在第 7 章就为大家讲过，就特定主题而言，大家在建立自己知识管理系统的过程中需要做的事主要有以下几件：

（1）选择一个你想研究/学习/探索的主题；

（2）选择一款自己长期固定使用的标注管理神器（Knotes/Klib/Kindle Mate）；

（3）选择一个你可以固定输出的方式（框架/思维导图/卡片/文章）；

（4）选择一个管理知识的笔记本（印象笔记/有道云笔记/Onenote）；

（5）通过长期实践，打造一个从"输入"到"输出"的学习闭环。

## 本章小结

在本章中，我整合了自己过去在网上经常遇到的读者关于 Kindle 使用上的疑问，经过自己的重新总结呈现给大家，试图通过这一章的内容对前面几章内容中没能提到的信息进行一个补充，为的是给大家呈现一个更加全面的 Kindle 使用解决方案。

由于个人精力有限，总有疏漏的地方。如果你在阅读这本书的过程中发现了一些不足或者有待提升的地方，我都非常欢迎大家随时来我的公众号（拾书小记/直树桑）、知乎/简书（直树桑）、微博（直树桑爱啃豆）向我反馈，一起把这部分内容做得更丰富一些，以帮助到更多有需要的人。

# { 后记 }
POSTSCRIPT

我们都知道，玩单反只堆设备，那是器材党的行为，而大家买了 Kindle 却只为了压泡面而不拿去读书则更是暴殄天物了。这会不会觉得有点本末倒置呢？当然，我并非来说教的，因为我偶尔也会拿 Kindle 来压泡面（还会当书签，我会乱说吗）。控制下频率就好。

Kindle 的新用法

事实上，给大家写这本书的过程，也是我总结个人探索数字阅读领域的过程。这是一次整理，更是一次回顾。我想把自己过去对 Kindle 的无数次思维的碰撞、方法的研究进行一次梳理，并传递给大家。所以看到这里的你，无疑也是有缘人。

写这本书的目的其实非常简单：我看着越来越多的人买了 Kindle，要么压箱底，要么收藏，要么根本就不知道那是什么。看多了这些场景，我觉得自己应该做点什么，于是写了这本以实践为第一要务的 Kindle 万能宝典，手把手地教你们怎么把 Kindle 用到极致，从而更好地反哺我们的日常阅读、思考。

当然，如果你认真看这本书，你会发现它不止是在写 Kindle，而是在写一种数字阅读方式。在本书中我还提到了一些其他移动阅读的方法，在第 6 章、第 7 章提到的外语学习和阅读输出的方法在很多其他设备上也都是通用的。事实上，我想传递的是一种思维、一种学习方法，是我实践后觉得获益颇丰的知识。分享给大家可以说是一种交流，我渴望和你们一起进步。

Kindle 作为书的一种显示介质，可以说是纸质书的补充，它们在现在、未来都是可以和谐共处的，而非零和博弈。我渴望在未来运用自己探索出来的 Kindle 阅读方法带动更多人去学习、成长，更好地吸收阅读过程中的收获，从而在外语学习、个人成长上有所精进，更好地服务生活和工作。

## 关于初心，给你们带来最大化的收获

对于一个过去几年来一直专注于数字阅读研究的人而言，没有什么比和正在用 Kindle 的你们分享我的认知更让我幸福的事情了。

因此，我希望你能认真看完它，用心去实践它，它会是陪伴你一起前行在光明未来的现代阅读管理术。

事实上，在决定写这本书之前，我也经历过一段时间内心的挣扎与思考——如何最大化一本书的含金量，给读者带来足够多的价值，如何把我对 Kindle 的使用方法论真正传递到读者身上？如何让这本书更具备可实践的空间？

在这个思考过程中，我也关注到了很多读者会遇到的常见问题，我发现大家总是在这个网站、那个平台零零碎碎地提问、点赞或收藏，这种学习方式带来的收效毫无疑问是非常有限的。在这样的情况下，我觉得自己如果能够把大家的疑问以系统性的方式传达出来，如果能够教给大家在日常使用 Kindle 过程中没有使用过的高效阅读方法，如果我能把 Kindle 从一个阅读工具变成语言学习工具，如果⋯⋯那么大家所花的钱绝对会成倍地赚回来。带着这样的态度，我写下了这本你们刚看完的书。

但你们必须清楚，这并非是一个结束，而是一个开始。你需要开始去实践书里你觉得有价值的内容。在实践的过程中，你可能会遇到一些疑惑或不解的地方，随时欢迎找我交流。

## 关于语言，修炼"内功"是关键

不论是想和外国人交朋友还是出国旅行，我们都会遇到语言的问题。学习语言的高昂费用与实践成本，是每个职场人士都会遇到的问题。事实上，你只要购买一个 Kindle 并结合你的手机，就可以很好地解决这个问题。我把用 Kindle 学习英语的过程，称作修炼"内功"的过程。

这个内功，我在第 6 章中就花了很大篇幅谈到。我认为，把 Kindle、原版书资源以及记忆神器 Anki 进行深度结合是学习英语最直接、有效的解决方案（以我目前的认知）。通过利用我们掌握的方法和与之匹配的工具，我们完全可以把"阅读 – 学习"这件事变得有迹可循，并且随时随地都可以做到。

如果你把语言学习完全融入你的生活，你还害怕学不好外语吗？你只会觉得你越来越对这门语言感到熟悉和亲切，从而和它做朋友。当然，学完了"内功"后，你还要张口说，大胆地和外国人交流。相信有了基础的你，也会在交流场景中得心应手。

笔者在写这本书的过程中，进行了一次东京的旅行。在这次旅行中，我就把平时所学的英语知识进行了一次输出，不论是和日本人、韩国人还是法国人，我都能尽自己所能地理解对方的话并给予自己的回复。回过头来，我发现对我而言最大的问题竟然还是词汇，不论是词汇的扩散能力还是词汇量，所以回来后的我更需要利用 Anki 加强自己的词汇积累了。

在台湾，有一个叫简群的作者利用 Anki 在短时间内就通过了日语 N1 的考试，他在自己的书《英日语同步 Anki 自学法》中就谈到了使用 Anki 对于自己成绩的重要作用。他谈的仅仅是 Anki 的使用，而我在本书的第 6 章为大家谈到的是 Anki 结合 Kindle 的具体应用，还代入了我的学习方法论，希望大家在阅读的过程中可以好好体会到我的用心。如果你在实践过程中收获了任何喜悦，记得让我知道。

## 不仅仅是一本书，更是一次对知识管理的全新探索

很多人都知道写作的益处，却不知道如何动笔。写作对素材的要求其实是蛮高的，尤其是专属于你自己的素材。从哪里来？"百娘"，"谷哥"，还是你随意记录的笔记？欸，这些可能都不太准确。

那么，应该怎么做呢？

其实，返回本书的第 7 章，我们就可以很好地找到答案——阅读和写作，它们是相辅相成的关系。通过 Kindle，我们可以将读到的重要内容以"标注/笔记"的形式传输到标注管理工具（Kindle Mate / Klib / Knotes）里，再通过它们对内容进行优化、加工，最后同步到"第二大脑"印象笔记中，形成我们的知识库。

打造好我们的知识库之后，我们还需要进行一个更为重要的环节——输出。输出的方式多种多样，只要能帮助你更好地吸收和内化知识，怎样都好。通过有逻辑地输入、整理、内化和输出，我们对知识的掌控力就能实现最大化。

## 再谈谈读书这件小事

我们都知道，读书是收获知识的最直接且最有效的方式，但是读书这件小事真的不简单，把这个行为放到我们的日常生活中，它将带来不同的意义。如果你有书房，在书房里阅读纸质书，那是享受一顿美餐；如果你风餐露宿、朝九晚五，那么路上的时间就是你能握住的流星。在这个意义上看，Kindle 就是那只帮你抓住流星的手。

如何把这些看似碎片化的时间整体化，如何把你玩手机的时间

转化成更有价值的思考,这些都是我想通过这本书要传达给你们的。只要你手上有一部 Kindle,只要你是真正想成长、学习,那么这本书绝对会让你有所收获。

## 写到最后

感谢华章的小伙伴在写作过程中给予我的支持,感谢一直以来都在支持我的拾书小记的读者朋友,感谢家人和朋友在我写作过程中对我的鼓励和支持,感谢所有在看这本书的你。

在未来,我还会写更多关于数字阅读、数字生活以及个人成长相关的内容,做与此相关的项目。如果你们还想看到更多我的更新或者加入我的一些基于实践的项目的话,可以关注我在各平台的账号(见下图)。期待和大家有更多的碰撞。

直树桑的各大平台账号

# 思维与学习

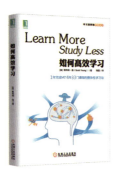

# 人工智能与理性思维

# 学习之道